Illustrationen von:

François Place

Texte von:

François Place, Bernard Planche

Die Deutsche Bibliothek – CIP-Einheitsaufnahme

Händler, Forscher und Entdecker / aus dem Franz.
von Antoinette Cherbuliez und Christina Bartsch.
[Ill.: François Place. Texte von: François Place; Bernard Planche]. –
Ravensburg: Ravensburger Buchverl., 1994
(Farbiges Wissen; Bd. 13)
ISBN 3-473-35673-5
NE: Cherbuliez, Antoinette [Übers.]; Place, François, GT

1 2 3 4   97 96 95 94

© 1994 by Ravensburger Buchverlag Otto Maier GmbH
für die deutsche Ausgabe
© 1986, 1987, 1989, 1990 by Editions Gallimard
Printed in Italy
ISBN 3-473-35673-5

Händler, Forscher und Entdecker

Aus dem Französischen von
Antoinette Cherbuliez und
Christina Bartsch

Otto Maier Ravensburg

Der Geschichtsschreiber Herodot

Die Welt, wie Herodot sie sah

Herodot von Halikarnassos wurde um 485 v. Chr. in Kleinasien geboren. Als einer der ersten großen Reisenden verbrachte er viel Zeit damit, die Länder und Völker rund um das Mittelmeer genau zu studieren. In seinem neunbändigen Werk beschrieb er Lebensgewohnheiten und Bräuche.
Er beschrieb die Erfahrungen seiner Reisen mit solcher Genauigkeit, daß er nicht nur zu seiner Zeit ein berühmter Mann wurde, sondern darüber hinaus als Begründer der Geschichtsschreibung betrachtet wird.
Er bereiste Asien und Europa, interessierte sich besonders für Griechenland, vor allem für Athen, das damals unter Perikles in seiner Blütezeit stand.

Ein Bewässerungssystem leitet das Wasser nach dem Rückgang der Flut auf die Felder.

Herodot berichtete in seinen Aufzeichnungen auch über die Hintergründe von Ereignissen, zum Beispiel, warum sich Völker verbündeten oder verfeindeten. Er beschrieb nicht nur das, was er gesehen oder erlebt hatte, sondern er fügte auch Reden und kleine Geschichten, die er gehört hatte, in seine Beschreibungen ein.

Sumpfbewohner am Euphrat

In Ägypten segelte er auf dem Nil und beschrieb in einer seiner Aufzeichnungen die gewaltigen Überschwemmungen des Nils: „Wenn der Nil das Land überschwemmt, sieht man nur mehr die Städte; sie tauchen aus dem Wasser wie Inseln. Ganz Ägypten ist dann wie ein Meer. Solange die Überschwemmung andauert, fährt man nicht auf dem Fluß, sondern mitten durchs Land."

Die ägyptischen Landarbeiter werden „Fellachen" genannt.

Ein Grieche bei den Barbaren

Die Skythen, ein nomadisches Reitervolk

Teil eines skythischen Schmucks. Pferd und Reiter waren ein beliebtes Motiv der skythischen Goldschmiede.

Bei den Skythen

Die Schriften Herodots blieben lange die einzige Informationsquelle über die Skythen. Das waren Nomadenvölker, die auf ihren Pferden vom Schwarzen Meer bis nach Olbia (auf Sardinien) vordrangen. Zur Zeit Herodots waren sie gefürchtet und galten als sehr mächtig. Herodot beschreibt sie als hervorragende Krieger und berichtet von einer Expedition, die sie, zusammen mit Assyrern, bis nach Ägypten unternahmen.

Herodots genaue Beschreibungen ihrer Bestattungsriten wurden durch archäologische Ausgrabungen mehr als 2000 Jahre später bestätigt. Viel ungenauer waren Schilderungen über Völker am „Rand der Welt", denn Wüsten, Sümpfe oder unüberwindliche Bergketten versperrten den Zugang zu ihnen.

Bei den Ägyptern

Herodot schilderte sie als das älteste Volk der Erde und rühmte ihre großen Leistungen als Baumeister und Gelehrte. Herodot erzählte von den herrlichen Tempeln zu Ehren der Götter und von den vielen Priestern, die ihnen dienten. Ihm erschien Ägypten als fremdartiges und beeindruckendes Land.

Als es dem Franzosen Jean-Francois Champollion 1822 gelang, die ägyptische Hieroglyphenschrift zu entziffern, wurden die uralten Texte verständlich, und man erfuhr Genaueres über die geheimnisvolle ägyptische Kultur.

Fischfang mit Netzen auf dem Nil

Die Ägypter benutzten den Nil als Transportweg. Mit allen bedeutenden Häfen des Mittelmeeres trieben sie regen Handel. Sie verkauften landwirtschaftliche und handwerkliche Produkte. Im Bau von Booten aus Papyrus entwickelten sie besonderes Können.

Das königliche Zepter einer persischen Herrscherdynastie

Die Stadtmauern Babylons

Darstellung eines Nubiers. Nubien liegt südlich der ersten Stromschnelle bei Assuan.

Auf seinen Fahrten erreichte Herodot auch die Wüsten Libyens

Die Kaufleute der Antike

Ein Schiff wird gebaut.

Die Phönizier, die seit dem 3. Jahrtausend v. Chr. an den Küsten Syriens und des Libanon siedelten, waren ausgezeichnete Seefahrer und Krieger. Immer wieder wehrten sie sich erfolgreich gegen die Eroberungsversuche der Ägypter oder der Assyrer.

Seit dem 11. Jahrhundert v. Chr. waren die phönizischen Seefahrer die Herren im Mittelmeerhandel. Die für ihr handwerkliches Geschick berühmten Phönizier stellten als Glasbläser, Goldschmiede, Kunsttischler oder Weber begehrte Waren her und trugen zum Wohlstand der phönizischen Städte Byblos, Tyros, Sidon oder Berytos bei.

Kostbare Handelsgüter

Die robusten phönizischen Schiffe segelten in alle Häfen der Antike und brachten Bauholz wie die berühmte Libanon-Zeder, kostbare purpurgefärbte Stoffe, Glaswaren und Schmuck. Aber auch Papyrus aus Ägypten, feine Seide, scharfe Gewürze von den Karawanenstraßen des Orients, Metalle aus Afrika oder aus den europäischen Ländern lieferten sie ihren Handelspartnern.

Für die antiken Seefahrer des Mittleren Orients waren die abendländischen Gebiete im Westen wichtige Handelspartner. Als umsichtige Kaufleute gründeten die Phönizier entlang der Mittelmeerküste Handelsniederlassungen. Dadurch kamen sie an Gold aus Marokko, Blei und Silber aus Andalusien und Zinn, das sie von den sogenannten „Zinninseln" im Südwesten Englands holten. Die Rohstoffe tauschten sie gegen handwerkliche Gegenstände ein und erzielten damit große Gewinne.

An den afrikanischen Küsten trieben die Phönizier stummen Handel: Schweigend brachten die Eingeborenen so viel Gold, wie sie für die angebotenen Waren bezahlen wollten. Der Handel war abgeschlossen, wenn beide Seiten mit dem Tausch, der ganz ohne Worte vor sich ging, zufrieden waren.

In den gut geschützten phönizischen Häfen konnten viele Schiffe auch schwer beladen vor Anker gehen.

Der Aufbruch nach Westen

Um den Schriftverkehr zu erleichtern, erfanden die Phönizier ein vereinfachtes Alphabet, das später von den Griechen wiederaufgenommen und zur Grundlage aller europäischen Schriften wurde.

Seit dem 11. Jahrhundert waren die phönizischen Seefahrer die Herren im Mittelmeerhandel.

Die Phönizier waren so gute Seefahrer, daß sie es sogar wagten, die Meerenge von Gibraltar zu durchfahren.

Unter dem Perserkönig Darius I. (5. Jahrhundert v. Chr.) wurde auf dem Seeweg Nordindien entdeckt. Zu jener Zeit stieß auch der Karthager Hanno bis zu den Küsten Guineas vor. Sein Landsmann Himilkon entdeckte Großbritannien und Irland.

Die Feldzüge Alexanders des Großen, die ihn bis in die Gangesebene führten, erweiterten die Kenntnisse der Griechen von fremden Ländern beträchtlich. In dieser Zeit erreichte der in Marseille lebende Grieche Pytheas Großbritannien und eine der Shetland-Inseln oder Island. Danach segelte er nach Norwegen weiter, das er fälschlicherweise für eine Insel hielt und in seinem Reisetagebuch „Thule" nannte.

Die Reise des Pytheas

Der Astronom Eratosthenes, Bibliothekar in Alexandria, bestimmte den Erdumfang und entwarf eine Erdkarte. Seine Forschungen wurden von Claudius Ptolemäus im 2. Jahrhundert n. Chr. weitergeführt. Er war ebenfalls Astronom in Alexandria und vertrat die Auffassung, daß die Erde den Mittelpunkt des Weltalls bildet.

Eine karthagische Goldmünze (um 350 v. Chr.). Der phönizische Handel beruhte lange Zeit auf Tausch. Erst viel später wurde das Geld in Karthago eingeführt.

Glanz und Niedergang Karthagos

Nach der Zerstörung der phönizischen Stadt Tyros wurde der 814 v. Chr. an der tunesischen Küste erbaute Hafen von Karthago zum Mittelpunkt im Mittelmeerhandel. Die Macht dieses neuen Reiches, das seine Herrschaft bis nach Sizilien ausdehnte, forderte das ebenfalls sehr mächtige Rom heraus. Nach drei unerbittlichen Kriegen zwischen 264 und 146 v. Chr. (Punische Kriege) wurde Karthago von den Römern völlig zerstört.

Die ersten Seidenstraßen

Im Jahr 53 v. Chr. waren die römischen Legionen des Marcus Crassus, die in Kleinasien die Parther bekämpften, vom Anblick der seidenen Banner ihrer Feinde fasziniert. Bald war Seide so begehrt, daß die Preise dafür ständig stiegen. Der Senat mußte deshalb den Gebrauch des Stoffes gesetzlich regeln.

Von China nach Rom

Die kostbaren Ballen wurden auf den Rücken von Kamelen transportiert. Eine solche Karawane verließ China durch das Jadetor und zog durch die Oasen am Rande der Wüste Takla-Makan. Der Weg führte die Karawane über die Hochebenen des Pamir zu den Handelsstraßen Zentralasiens oder zu den indischen Häfen, von wo aus die Waren verschifft wurden.

Eine Karawane am Rand der Wüste Takla-Makan

Durch den Handel mit Seide, aber auch mit Parfümen, Edelsteinen und Waffen entwickelte sich entlang der Seidenstraße im Zentrum Asiens eine eigene, von iranischen, buddhistischen und chinesischen Einflüssen geprägte Kultur. Blühende Oasenstädte wie Kaschgar, Jarkand und Turfan entstanden. Sie erlebten ihren Niedergang, als im Jahr 1205 die Mongolen unter Dschingis-Khan zu ihren Eroberungszügen aufbrachen. Der Handel verlagerte sich vom Landweg auf die See und kam so in die Hand der Araber, die den Transport von Indien zum Roten Meer organisierten.

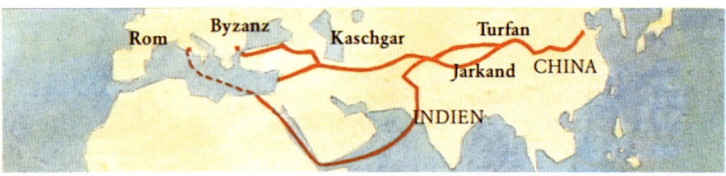

Die Seidenstraßen von China nach Byzanz und Rom

Die Karawansereien, wo sich die Händler von den Strapazen der Reise erholten, waren Orte der Begegnung für Anhänger verschiedener Glaubenslehren.

Hsüan-Tsang, ein Chinese in Indien

522 kehrten zwei Mönche aus dem Fernen Osten mit Seidenraupeneiern nach Byzanz zurück, die sie in hohlen Stöcken versteckt hatten. So erfuhr das Abendland das Geheimnis der Seidenherstellung: Der Faden wird vom Kokon eines Schmetterlings, des Maulbeerspinners, gewonnen.

Der Buddhismus erreichte China mit den Karawanen, die aus Indien über die Seidenstraße kamen. Seine Blütezeit in China lag im 6. bis 8. Jahrhundert. Damals gab es junge Mönche, die lange Pilgerreisen nach Indien wagten. Der berühmteste dieser Reisenden, Hsüan-Tsang, machte sich mit 26 Jahren auf den Weg. Er sollte erst 17 Jahre später zurückkehren, nachdem er auf einem langen Weg unzählige Gefahren überstanden hatte.

Er studierte bei den größten buddhistischen Meistern in Nalanda (Bihar), dem Zentrum des Buddhismus, und kehrte dann nach China zurück, wo er begeistert empfangen wurde. Wieder daheim, übersetzte er kostbare heilige Schriften, die er von seiner Reise mitgebracht hatte, ins Chinesische und hielt in Berichten seine spannenden Erlebnisse fest.

Eine in den Fels gemeißelte Buddhastatue

Ein pilgernder chinesischer Mönch mit seinem Kakkhara (Stecken) und den Sutren (Handschriften)

Auf der Seidenstraße

Hsüan-Tsang reiste zunächst durch die von Menschen überfüllten Oasenstädte der Seidenstraße. So gelangte er nach Samarkand, durchwanderte Afghanistan, machte Station in Kaschmir und erreichte schließlich Indien. Beinahe überall empfingen ihn die ansässigen Fürsten freundlich. Beeindruckt von seiner stattlichen Erscheinung und seiner Klugheit, überschütteten sie ihn mit Geschenken und gaben ihm meist prunkvolles Geleit.

Die arabischen Kaufleute

Vom Mittelmeer zum Indischen Ozean
Im 8. Jahrhundert wurden die Araber die Herren des Handels im Mittelmeer und im Indischen Ozean. Sie kontrollierten nicht nur den ganzen Karawanenverkehr, sondern konnten sich darüber hinaus in ihren zahlreichen Niederlassungen in Indien, Ceylon, Sansibar, Indonesien und China mit wertvollen Rohstoffen und Handelswaren versorgen.

Ein Sklavenmarkt (nach einer arabischen Miniatur)

Waren aus Afrika
Im 9. und 10. Jahrhundert eröffneten die Araber große Verbindungswege durch die Sahara.
Über sie beförderten sie nun das Gold aus Ghana, das Salz der Wüste, das Elfenbein der Bantus und die Sklaven aus dem Sudan. Mächtige afrikanische Königreiche wurden durch Handel reich. Zu berühmten Handelszentren wurden Städte wie Timbuktu oder Dschinni.
Die Araber führten in Ägypten das Zuckerrohr ein, den Reis in Madagaskar und Orangen und Zitronen im ganzen Mittelmeerraum.

In einem orientalischen Markt, den man auch „Bazar" nennt

Arabischer Dinar

Wie das Trampeltier in Zentralasien, so ist das Dromedar das „Wüstenschiff" in Arabien und Nordafrika.

Erste Handelsgesellschaften
Der Orient lieferte die meisten Waren. Hunderte von schwerbeladenen Schiffen fuhren jährlich die Indienroute. Die reichen Handelsleute mieteten gemeinsam Schiffe, die als Flotte segelten, und teilten sich die Risiken und Gewinne der Fahrten. Für die arabischen Kaufleute war der Pferdehandel eines der einträglichsten Geschäfte: Indische Fürsten kauften ihnen jedes Jahr einige tausend Tiere ab, denn Pferde überlebten in Indien nie länger als einige Monate.

Das Islamische Reich

Unter der Herrschaft der Kalifen breitete sich das Islamische Reich im Osten bis nach Zentralasien und im Westen bis zur marokkanischen Atlantikküste aus. Zunächst kämpften die Araber im Nordosten Afrikas gegen Byzanz und verschiedene Berberstämme. 711 überquerten 7000 Muselmanen (Moslems) mit ihrem Anführer Tarik die Meerenge zwischen Afrika und Europa. 718 begannen die Araber, den Süden Frankreichs zu besetzen und plünderten Toulouse, Arles und Avignon.

Ein Mihrab (Gebetsnische) in einer Moschee

Die Moschee der Stadt Kairuan

Mit Hilfe zweier unverhoffter Verbündeter – der Türken und Tibeter – dehnte sich der Islam fast bis nach China aus. Die räumliche Ausbreitung des Islam führte auch zu ganz neuen Entwicklungen in der Architektur. Die Eroberer lernten von den Baumeistern der unterworfenen Völker: So findet man in der arabischen Architektur ägyptische Säulen, persische Kuppeln und Bögen und byzantinische Mosaike und Kolonnaden. Das schönste Beispiel dafür ist die Moschee von Cordoba.

Wie fast alle seine gebildeten arabischen Zeitgenossen unternahm Ibn Battatu (1304-1369), ein junger Marokkaner, 1325 eine Pilgerreise nach Mekka. Er war 20 Jahre alt und sehr neugierig. Fast 30 Jahre vergingen, ehe er seine Geburtsstadt Tanger wiedersah.

Arabische Pilger

Heute Botschafter, morgen Schiffbrüchiger

Seine Reise hatte ihn an die Grenzen der islamischen Welt geführt: vom Roten Meer bis nach Sansibar, von Persien bis nach Indien, von China bis nach Sumatra und von Spanien bis in die größte Wüste der Welt, die Sahara. Das Schicksal des Ibn Battuta, reich an Abenteuern und Prüfungen, ist eines Helden aus Tausendundeinernacht würdig: Nacheinander Pilger in Arabien, Berater und Botschafter des Sultans von Delhi, Schiffbrüchiger, Richter auf den Malediven, Gefangener, oft verheiratet und wieder geschieden, erlebte er Ehre und Schande, Reichtum und bitterste Armut.

Ibn Battuta hinterließ mit seinen Berichten der Nachwelt ein unschätzbares Zeugnis der kulturellen und wirtschaftlichen Verbindungen zwischen Arabien, den afrikanischen Küsten und dem Fernen Osten.

Die Verbreitung des Islam im 9. und 10. Jahrhundert

Handel mit Gewürzen

Gewürznelken (Molukken)

Muskatnuß (Molukken)

Zimt: getrocknete Rinde des Zimtbaums (Ceylon und China)

Kardamom (Indien und Ceylon)

Ingwerwurzel (Indien und Malaysia)

Kurkuma (Indien)

Samenkörner mit Goldwert

Gewürze sind Pflanzenfrüchte, Samen oder Wurzeln, die vorwiegend in Indien und Indonesien wachsen. Sie waren schon vor Tausenden von Jahren wegen ihres Geschmacks und Duftes sehr geschätzt. Für ihre Totenkulte brauchten die Ägypter Zimt, Weihrauch und Myrrhe. Die Römer kochten mit sehr vielen Gewürzen, die manchmal notwendig waren, um schon verdorben riechendes Fleisch noch genießbar zu machen.

Viele Kaufleute wurden durch den Handel mit Gewürzen reich. Man nannte sie auch „Pfeffersäcke", weil Pfeffer den gleichen Wert wie Gold hatte. In Europa konnte man sogar mit Pfeffer bezahlen: Im späten Mittelalter wurden bestimmte Steuern mit Pfeffer abgegolten. Die Ureinwohner hatten jedoch nichts von diesem „Gold". Sie mußten hart auf den Plantagen arbeiten, die sich die fremden Herren unrechtmäßig angeeignet hatten.

Venezianische Galeere in einem Hafen im Nahen Osten

Vom Schiff zur Karawane

Der Gewürzhandel lag in den Händen indischer, später arabischer Seeleute. Der Transport auf dem Seeweg hing von den Monsunwinden ab, die von Juni bis September landeinwärts und von November bis März seewärts blasen. Aden am Roten Meer und Hormus im Persischen Golf waren die Häfen, von denen aus die arabischen Zweimaster nach Indien in See stachen. Von dort aus führten auch Karawanenstraßen nach Alexandria, zu den Handelshäfen an der syrischen Küste oder nach Trapezunt (am Schwarzen Meer).

Schwarzer Pfeffer: Die Beeren werden getrocknet (Indien)

Weißer Pfeffer: getrocknete Frucht

Pfeffer wächst in runden Früchten an Sträuchern.

Die Konkurrenz der italienischen Kaufleute

Vom 11. Jahrhundert an übernahmen italienische Kaufleute, vor allem aus Venedig und Genua, die Rolle der Zwischenhändler zwischen den arabischen Kaufleuten und Konstantinopel, das damals die Drehscheibe des Gewürzhandels war. Von nun an lieferten sich Genuesen und Venezianer einen erbitterten Kampf um die Vorherrschaft in diesem einträglichen Geschäft.

Bei Dschingis-Khan, dem Herrscher der Mongolen

Dschingis-Khan

Zu Beginn des 13. Jahrhunderts war die Mongolei ein ausgedehntes Reich, das sich von China bis nach Rußland erstreckte und im Inneren von ständigen Bruderkämpfen zerrissen war.

Dem Mongolen Dschingis-Khan (ca. 1155–1227) gelang die Einigung dieses riesigen Reiches. Er stellte eine gut organisierte und disziplinierte Armee auf, an deren Spitze er sich aufmachte, die Welt zu erobern. Sein richtiger Namen war Temudschin, er nannte sich aber Dschingis (allumfassend), und er wurde von allen als der oberste Khan (König) anerkannt. Mit seinem Heer – wegen ihrer Schnelligkeit berühmte Reiter – versetzte er die Menschen in Ost und West in Angst und Schrecken.

Ein mongolischer Bogenschütze

Während eines Überfalls in China, 1227, wurde Dschingis Khan krank und starb.
Im Jahr 1405 begann der Niedergang des Mongolischen Reiches, und es folgte das goldene Zeitalter des Islam, der nun die Vorherrschaft im Vorderen Orient übernahm.

Die Chinesen errichteten die Chinesische Mauer gegen die Einfälle der Mongolen in ihr Land.

Ein Franziskaner bei den Mongolen

Bei einem der letzten Kreuzzüge im Heiligen Land unterlagen die französischen Ritterheere den moslemischen Truppen. Der französische König suchte nach Verbündeten gegen den Islam und hoffte, sie in den Mongolen zu finden. Deshalb schickte er einen Boten an den Hof des Großkhans: den Franziskaner Wilhelm von Rubruk. Bei seinen Reisevorbereitungen konnte er sich auf die Bücher des vor ihm gereisten Giovanni de Carpini, eines Papstbotschafters, stützen. Wilhelm brach im Frühjahr 1253 in Frankreich auf und durchquerte die endlosen Steppen nördlich des Schwarzen Meers. Am Hof des Mongolenfürsten faszinierte den Reisenden alles: „Als ich zu ihnen kam, schien es mir, als beträte ich eine andere Welt."

Ein kostbarer Augenzeugenbericht

Rubruks Mission erwies sich als Fehlschlag, denn das geplante Bündnis kam nicht zustande. Doch kehrte er mit wertvollem Wissen über West- und Zentralasien und die Sitten und Gebräuche seiner Bewohner zurück.

Zeltlager der Mongolen

Marco Polos Reise in den Orient

Die Reise nach China

Im Jahr 1271 brach der 16jährige Marco Polo zu einer langen Reise ans Ende der Welt auf. Er begleitete seinen Vater Nicolò und seinen Onkel Maffeo, zwei venezianische Kaufleute, auf ihrer zweiten Reise nach China an den Hof des mongolischen Großkhans. Ihre Reiseroute führte sie über das Mittelmeer nach Vorderasien. Von dort reisten sie mit einer Karawane weiter nach Zentralasien.

Die Karawane, mit der Marco Polo reiste

Yak-Herde

Reiseweg des Marco Polo

Auf den Karawanenstraßen

Die drei Reisenden konnten die Karawanenwege benutzen, die sie durch die Wüste Kerman, über das Badakshan-Gebirge, die hohen Pässe Kaschmirs, durch die Wüste Gobi und die unendlichen Steppen der Mongolei nach Peking zum Großkhan Kublai führten.

Der Stamm wird angezapft, um daraus Palmwein zu gewinnen.

Einer der „Weinbrunnen", die Marco Polo am Hof des Großkhans so bewunderte.

Der Aufenthalt in China

In Peking angekommen, wurden die drei Reisenden von Kublai-Khan empfangen. Dieser schickte Marco Polo mit zahlreichen Aufträgen in die verschiedenen Provinzen seines Reiches. Wie alle venezianischen Reisenden war Marco Polo in erster Linie Kaufmann. So faszinierten ihn in China vor allem der Reichtum der Städte und ihr lebhafter Handel. Er begeisterte sich für den Gebrauch des Papiergelds und der Kohle. Auch das Postnetz mit den etwa 200 000 Pferden bewunderte er. Boten ritten über kühn geschwungene Brücken, unter sich die breiten Flüsse mit den Dschunken.

Am Hof von Kublai-Khan nahm Marco Polo an prunkvollen Feiern und Banketten teil. Mit Hunderten von Treibern und Gästen ging man auf die Jagd.

Ein Venezianer entdeckt China

Bei der Pfefferernte

Die Heimkehr

Die drei Venezianer hatten dank der Gunst des Großkhans ein Vermögen angehäuft. Für die Heimreise tauschten sie es gegen Edelsteine ein, die sie in ihre Reisekleidung einnähten. Sie nutzten die Gelegenheit, eine mongolische Prinzessin nach Persien zu begleiten, die dort verheiratet werden sollte, um das Land zu verlassen. Die weitere Rückreise war lang und beschwerlich. Als Bettler verkleidet, durchwanderten sie den vom Krieg verwüsteten Mittleren Orient.

Berittener Bote des Khans

Nachdem Marco Polo 24 Jahre den Orient bereist hatte, kehrte er 1295 nach Venedig zurück.

Er beteiligte sich kurz nach seiner Rückkehr am Krieg zwischen Venedig und Genua, den Venedig verlor. Bei einer Seeschlacht wurde er von den Genuesen gefangengenommen.
Während seiner Gefangenschaft lernte er den Schriftsteller Rusticiano da Pisa kennen, der von Marco Polos Erzählungen begeistert war und einen Reisebericht für ihn verfaßte. Nach seiner Freilassung brachte Marco Polo diesen Reisebericht nach Venedig. Er wurde unter dem Titel „Das Buch des Marco Polo oder auch Die Aufteilung der Welt" veröffentlicht. Die Leser waren so begeistert von der im Buch geschilderten Wunderwelt, daß sie es auch als „Das Buch der Wunder" bezeichneten.

Sein Buch hatte auch Christoph Kolumbus bei sich, als er einen neuen Seeweg nach Indien suchte. Statt dessen entdeckte er Amerika. In Sevilla existiert ein Exemplar von Marco Polos Reisebericht mit Anmerkungen von Christoph Kolumbus.
Noch im 15. Jahrhundert wurden die genauen geographischen Angaben Marco Polos von den Kartographen weiterverwendet.

Nach dem verheißungsvollen Zipangu, wie Marco Polo Japan genannt hatte, wurde bis ins 16. Jahrhundert immer wieder gesucht.

Die Welt auf Karten

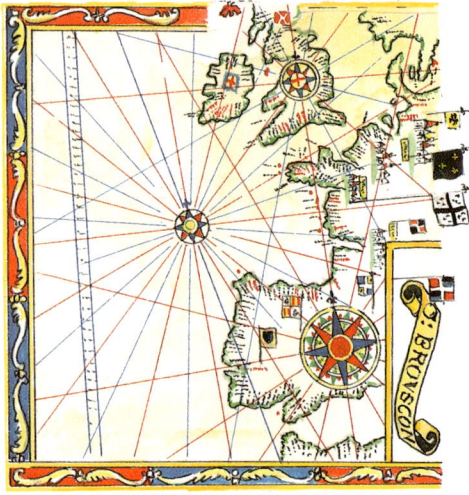
Teil einer Karte aus dem 16. Jahrhundert

Karten von den Ländern und Meeren der Erde waren vor allem für die Seefahrer wichtig zur Orientierung.
Die Griechen waren die ersten, die Karten zeichneten. Die Karten von Claudius Ptolemäus zum Beispiel wurden vom 2. Jahrhundert an ein Jahrtausend lang verwendet. Er stellte die Erde als Globus dar, den er mit zahlreichen geheimnisvollen Inseln und Bergen im asiatischen und afrikanischen Raum versah.

Orbis Terrarum
Die hier abgebildete Weltkarte, Orbis Terrarum genannt, ähnelt kaum den heute gebräuchlichen Karten. Sie ist noch sehr ungenau. In der Mitte findest du Jerusalem, die obere Hälfte zeigt Asien (den Orient), und in der Waagrechten von Norden nach Süden kannst du die Flüsse Don und Nil erkennen. In der Senkrechten ist auf der Ost-West-Achse der Mittelmeerraum abgebildet. Er grenzt rechts an Afrika und links an Europa. Ganz oben in der Mitte ist eine religiöse Abbildung eingefügt: Adam und Eva im Garten Eden.

Das Ptolemäische System
Im System des Ptolemäus steht die Erde im Mittelpunkt: Die Sonne, die Planeten und die „Winde" kreisen um sie herum. Dieses sogenannte „geozentrische System" beeinflußte über fast 1500 Jahre die Vorstellung von der Stellung der Erde im Weltall. Erst der italienische Physiker und Astronom Galileo Galilei (1564–1642) erkannte, daß in Wirklichkeit die Sonne im Mittelpunkt steht.

System des Ptolemäus: In der Mitte ist die Erde. Darum kreisen die Sonne, die Planeten und schließlich die „Winde".

Orbis Terrarum

Im 15. Jahrhundert überquerten Seeleute den Ozean. Durch ihre Reisen gewannen sie ständig mehr Kenntnisse von der Erde, und die Karten konnten immer genauer gezeichnet werden. Ab Mitte des 16. Jahrhunderts gab es verläßliche Karten, auf denen die Küsten von Portugal bis Japan eingezeichnet waren. Viele Seefahrer und Händler bemühten sich, ihre Karten geheimzuhalten, um anderen Handelsreisenden gegenüber im Vorteil zu sein.

Navigationsgeräte

Westküste Marokkos, aus einem Atlas des 14. Jahrhunderts

Neapel war einer der bedeutendsten Häfen des Mittelalters.

Für alle Seefahrer waren zwei Dinge besonders wichtig: ein gutes Schiff und eine ausdauernde und zuverlässige Mannschaft!
Ihre Reisen waren abenteuerlich und gefährlich. Die Kapitäne gingen meist mit zwei Schiffen auf Entdeckungsfahrt. Das leichte Schiff diente als Sicherheitsboot und das mit dem großem Frachtraum zur Versorgung der Mannschaft.
Der Kapitän war der alleinige Herr an Bord, der die gesamte Mannschaft befehligte und auch über die mitreisenden Passagiere wachte. Lediglich beim Navigieren zog er seinen Steuermann zu Rate, der die Route gut kennen und auch über die Winde Bescheid wissen mußte. Bisweilen taten sich mehrere Schiffe zu einem Verband (Flottille) zusammen. Dann kam es häufig zu Rivalitäten zwischen den Kapitänen.

Um sich auf dem Meer zurechtzufinden, orientierten sich die Seeleute an den Sternen, doch sie benützten auch Karten. Sie konnten den Stand des Polarsterns und der Sonne berechnen und die Position des Schiffes feststellen. Eine Magnetnadel – auf eine Windrose (Kompaßrose) gesteckt – zeigte den Kurs an. Mit Hilfe des Kompasses konnte man die Seekarten so verbessern, daß sie die Küsten und Häfen genauer anzeigten. Das Astrolabium ermöglichte es schließlich, den Breitengrad exakt zu bestimmen. Die Messung des Längengrades beherrschte man erst seit dem 18. Jahrhundert. Nun war es möglich, den geographischen Standort genau zu bestimmen.

Dieser Viermaster des 16. Jahrhunderts gehörte zu den größeren Schiffen.

Eine Windrose

Jakobstab: Mit diesem Gerät konnte man den Breitengrad bestimmen.

Im 18. Jahrhundert wurde auch der Sextant erfunden, ein Navigationsgerät, das ebenso wie das Astrolabium die genaue Position der Sonne oder eines hellen Sterns bestimmen kann, aber einfacher zu handhaben ist. Andere Hilfsmittel waren Winkelmesser, Theoliten genannt, oder das Graphometer mit eingebautem Kompaß in der Mitte, das der Kartenerstellung diente.
Die Kompaßrose, auch Windrose genannt, ist ein mit einer Gradeinteilung versehener Kompaß, an der man eine Änderung der Fahrtrichtung ablesen kann. Um die Höhe der Gestirne zu messen, benutzte man auf großer Fahrt den Jakobsstab.

Wikinger – Piraten und Entdecker

Auf dieser Karte sind die Routen eingezeichnet, auf denen die Wikinger Europa und Asien befuhren.

Der Wandteppich von Bayeux, von Königin Mathilde gestickt, zeigt die Schlacht bei Hastings. Die Normannen, die in der Normandie seßhaften Wikinger, gewannen den Kampf gegen die Angelsachsen.

Die Wikinger waren ausgezeichnete Seefahrer, die mit ihren schnellen Schiffen das Nordmeer beherrschten. Sie eroberten andere Länder vom Meer aus, drangen mit ihren Schiffen aber auch auf den Flüssen ins Landesinnere vor. Sie waren jedoch nicht nur Eroberer. Auf der Suche nach neuem Lebensraum entdeckten sie auch neue Länder. Leif Eriksson zum Beispiel entdeckte Grönland, da damals noch eine fruchtbare Insel war. Um das Jahr 100 v. Chr. herum entdeckten die Wikinger Amerika. Ihre ausgedehnten Handelswege führten die Wikinger bis nach Asien.

Die Drachenschiffe haben ihren Namen von den Drachenköpfen, die Bug und Heck der Schiffe schmückten.

Die Entdeckung der „Neuen Welt"

Der genuesische Seefahrer Christoph Kolumbus, der in Lissabon lebte, war davon überzeugt, daß die Erde rund ist. Er wollte versuchen, Indien westwärts auf dem Seeweg zu erreichen. Weil der portugiesische König nichts davon wissen wollte, wandte sich Kolumbus an den spanischen König Ferdinand II. und brachte ihn dazu, ihm eine Expedition zu finanzieren. Drei Schiffe wurden am 3. August 1492 schließlich klargemacht: die „Santa Maria", die „Nina" und die „Pinta". Nach einer Zwischenlandung auf den Kanarischen Inseln segelte Kolumbus auf den unbekannten Ozean hinaus. Am 12. Oktober kam endlich Land in Sicht: Es waren die Bahamas, die im Norden der Antillen liegen. Da die Männer glaubten, in Indien gelandet zu sein, nannten sie die Eingeborenen Indianer. Die Schiffe fuhren weiter nach Kuba und Santo Domingo. Die „Santa Maria" erlitt Schiffbruch, die „Pinta" verlor Kolumbus durch Verrat, so daß nur die „Nina" nach Palos, Südspanien, zurückkehrte, wo sie am 15. März 1493 im Triumph empfangen wurde.

Ananas und Tabak kommen ursprünglich aus Amerika.

Die drei Schiffe des Kolumbus hießen „Santa Maria", „Pinta" und „Nina".

Drei weitere Reisen führten Kolumbus 1493, 1498 und 1502 auf die Antillen, nach Venezuela und an die Mündung des Orinoko, nach Panama und nach Honduras. Er kehrte 1504 nach Spanien zurück und starb am 20. Mai 1506.

Kolumbus schrieb über die „Indianer": „Sie kamen auf ihren ‚almadias', die wie lange Kähne gebaut sind, nämlich aus einem einzigen Baumstamm. Die für dieses Land typischen Boote sind so groß, daß manche mit 40 oder 45 Mann besetzt sind. Andere wiederum sind kleiner, manche sogar so, daß nur ein einzelner Platz hat. Sie rudern mit einer Art von Brotschaufeln, was ausgezeichnet funktioniert; und wenn eines der Boote kentert, springen sofort alle ins Wasser, drehen es um und leeren es mit Kürbisflaschen, die sie immer mit sich führen."

Erste Begegnung mit den Einheimischen

Vasco da Gama umrundet Afrika

Vasco da Gama

Der Portugiese Vasco da Gama, ein geschickter Seefahrer, war kaum 30 Jahre alt, als er seine erste Expedition leitete. Am 20. Juli 1497 lichtete er an der Flußmündung des spanischen Tejo den Anker, um das Kap der Guten Hoffnung zu umsegeln und die Ostküste Afrikas zu erreichen. In Malindi (im heutigen Kenia) stellte Vasco da Gama einen ortskundigen arabischen Steuermann ein. Innerhalb von drei Wochen erreichten sie die indische Küste bei Malabar, im Mai 1498 die südwestindische Stadt Calicut. Dort entdeckte Vasco da Gama außergewöhnliche Gewürze und erhielt vom Zamorin (Herrscher) die Erlaubnis, Handel zu treiben. Die arabischen Kaufleute wollten ihn jedoch sofort wieder vertreiben, weil sie Konkurrenz im Gewürzhandel befürchteten.

Im Indischen Ozean: Land in Sicht!

Das Kap der Guten Hoffnung
Die Südspitze Afrikas, wegen der dort tobenden Winde auch das „Kap der Stürme" genannt, war von den Seefahrern sehr gefürchtet. Um seine Hoffnung auf eine neue Reiseroute nach Indien auszudrücken, bezeichnete Johannes II. von Portugal das Kap später als das „Kap der Guten Hoffnung".

Teil einer Karte aus dem beginnenden 17. Jahrhundert

Das war an Bord: Gepökeltes, Biskuit, Mehl, Öl, Wasser, Wein, Dörrfleisch, Waffen, Segel und Taue, Schiffahrtsinstrumente und Seekarten.
Vom Kapitän bis zum Schiffsjungen hatten alle Männer ihre besonderen Aufgaben.

Das reiche Calicut war den europäischen Handelsstädten weit überlegen. Hier herrschte reger Handel, Menschen schwarzer, gelber, brauner und weißer Hautfarbe wimmelten durcheinander, und im Hafen lagen unzählige Schiffe vor Anker, die mit den verschiedensten Waren beladen waren.

1502 fuhr Vasco da Gama an der Spitze einer Flotte von 21 Schiffen wieder nach Indien. Nach zahlreichen Kämpfen schloß er einen Vertrag mit dem König von Cochin (Hafenstadt in Südindien) und erreichte die Anerkennung der portugiesischen Oberhoheit über einen Teil der indischen Westküste. 1505 kehrte er nach Lissabon zurück. 1524 krönte man ihn zum Vizekönig von Indien. Kurz darauf starb er in Cochin.

Das erste Treffen mit dem Herrscher von Calicut an der Westküste Indiens.

Magellan segelt um die Welt

Ankunft auf der Insel Larron

In der Bucht von Rio de Janeiro

Der Name „Magellan" steht für die erste Reise um die ganze Welt. Magellan entdeckte dabei eine Meerenge in Südamerika, die nach ihm „Magellanstraße" benannt wurde. Mit fünf Booten und 270 Mann Besatzung verließ der Portugiese im Dienste Spaniens am 20. 9. 1519 Sanlucar mit dem Ziel, die westliche Küste Asiens zu erreichen. Er wählte den Kurs über den Pazifik. Die Reise verlief sehr unruhig. Magellan mußte 1520 an der Küste Patagoniens (Südspitze Südamerikas) überwintern.

Im folgenden Frühjahr segelte er zur Meerenge von Feuerland und durchquerte die 600 Kilometer lange Strecke in fünf Wochen. Die Reise war in manchen Abschnitten so gefährlich, daß er ein Ruderboot besteigen mußte, um seine Schiffe zu lotsen.

Magellan wagte sich dann in den Pazifik und erreichte in weniger als vier Monaten, am 16. März 1521, die Philippinen. Im darauffolgenden Monat wurde er während eines Kampfes gegen die Eingeborenen getötet.

Im seichten Wasser bei Cebu (Philippinen) kommt es zum Kampf.

Die Magellan-Route

Die nach Magellan benannte Wasserstraße im Süden von Südamerika

Über dem Ruhm des großen Magellan wird meist das Verdienst seines Leutnants Juan Sebastian de Elcano vergessen. Dieser setzte die Fahrt Magellans mutig fort. Nach der glücklichen Umrundung Afrikas kehrte er nach 1124 Tagen auf See mit nur einem einzigen Schiff nach Portugal zurück. An Bord waren 18 Überlebende der Expedition, völlig erschöpft, denn sie hatten ununterbrochen das ins Schiff eindringende Wasser wieder auspumpen müssen.

Traurige Rückkehr…

Obwohl er selbst unterwegs starb, gilt die Expedition Ferdinand Magellans als die erste Weltumseglung. Jetzt war auch der letzte Zweifel an der Kugelgestalt der Erde ausgeräumt.

Die Konquistadoren erobern Südamerika

Zu Beginn des 16. Jahrhunderts machten sich spanische Konquistadoren (vom spanischen „conquistadores": Eroberer) auf, um Süd- und Zentralamerika in ihren Besitz zu bringen. Es waren nur einige tausend Konquistadoren, trunken von Abenteuer- und Eroberungslust und der Gier nach Gold, und ihre Mittel – Schiffe, Pferde und Geschütze – waren knapp. Trotzdem „gelang" es ihnen mit großer Brutalität, innerhalb eines Vierteljahrhunderts zwei Hochkulturen vollständig zu zerstören: die der Azteken in Mexiko und die der Inka in Peru.

Einer von ihnen, Hernán Cortés, landete 1519 in Mexiko. Er gründete Veracruz und drang in die Aztekenhauptstadt Tenochtitlán ein. Er zerstörte die Stadt 1521 und gründete an ihrer Stelle die Stadt Mexiko.

Im Regenwald

Gefährlicher Urwald

Die europäischen Eroberer waren von der üppigen Vegetation und dem Artenreichtum des tropischen Regenwalds begeistert. Entzückt von den unzähligen, nie zuvor gesehenen Tieren und Pflanzen glaubten sie, hier den „Garten Eden" gefunden zu haben. Doch der Urwald barg auch Tücken und Gefahren: Wollte man vorwärts kommen, mußte man sich seinen Weg Meter für Meter mit dem Buschmesser durchs Dickicht bahnen. Riesige Sumpfgebiete stellten überdies oft unüberwindbare Hindernisse und aufgrund des schnell ausbrechenden Sumpffiebers eine tödliche Gefahr dar.

Die Kultur der Indianer

Die Indianer Südamerikas hatten eine einzigartige Kunst und Kultur und natürlich auch eigenständige Religionen entwickelt. Doch die eindringenden Europäer glaubten, das Christentum allein sei der „wahre Glaube" und zerstörten deshalb alle Heiligtümer der Indianer. So wurden wertvolle Kunstgegenstände, wunderschöne Tempel und Götzenbilder dem Erdboden gleichgemacht. Unermeßliche Kunstschätze gingen dabei unwiederbringlich verloren.

Ein Opfermesser aus Gold und Türkis (Chimu-Kunst, Peru)

Das Märchen vom Land der unsagbaren Goldschätze in Südamerika, dem „Eldorado", spukte jedoch weiterhin in den Köpfen der Konquistadoren. Deshalb machten sich die Spanier Pizarro und Almagro in den Anden auf die Suche nach Gold. Mit nur 200 Mann, ebenso vielen Pferden und drei Arkebusen (alte Feuerwaffen) zerstörten sie die Inka-Kultur. Pizarro gründete die neue Hauptstadt Lima.

Die Anden werden überquert.

Gewaltmarsch durch den Urwald

Die Konquistadoren schlagen sich mühsam durch den undurchdringlichen Urwald.

Die Karte zeigt Mittelamerika.

Der Konquistador Vasco Nuñez de Balboa leitete mit eiserner Faust eine kleine Siedlung am Golf von Darien. Nachdem er den Eingeborenen unerbittlich alles Gold abgepreßt hatte, zwang er sie zur Sklavenarbeit.

In Gewaltmärschen durch den Urwald

Balboa hatte durch einen Indianerhäuptling von einem „riesigen Meer im Süden" gehört.
Am 1. September 1513 brach er mit 186 Mann zu einer Expedition auf. In Gewaltmärschen bahnte sich der Trupp plündernd und mordend einen Weg durch den Urwald. Am 27. September erblickte Balboa am Horizont ein grenzenloses Meer: den Pazifischen Ozean, den er Südsee nannte. Er nahm ihn samt allen Küsten und Inseln für Spanien in Besitz. Auf seinem Gewaltmarsch hatte ihn auch Francisco Pizarro begleitet, ein einfacher Soldat, der später zu einem der erfolgreichsten, aber auch grausamsten Eroberer der Geschichte werden sollte.

Am 29. September 1513 stieß Vasco Nuñez de Balboa auf den Pazifik, den er Südsee nannte.

Die Unterwerfung der Azteken

Cortés und seine Geliebte Dona Marina. Sie war eine aztekische Sklavin und wurde seine Dolmetscherin und Vertraute.

Einer der berühmtesten Konquistadoren war der Spanier Hernán Cortés (1485–1547). Er bekam vom spanischen Herrscherpaar den Auftrag, das aztekische Königreich (Mexiko) zu unterwerfen.

Moctezuma II. regierte in der Residenzstadt Tenochtitlán, einer blühenden und modernen Stadt. Cortés vertraute bei seinem Überfall auf den Überraschungseffekt: Die Azteken hatten nie zuvor weiße Menschen mit Bärten gesehen und auch keine Pferde oder Musketen. Die Überrumpelung gelang um so leichter, als Moctezuma Cortés für niemand anderen als den weißen Gott Quetzalcóatl hielt. Er schenkte dem Spanier Berge von Gold, Silber und Edelsteinen.

Die Azteken hatten nie zuvor Pferde gesehen und daher große Angst vor den „Ungeheuern".

Doch Cortés nahm Moctezuma gefangen, plünderte die Tempel und Paläste und ließ alles Edelmetall, das er finden konnte, einschmelzen. Moctezuma kam ums Leben, als er seine Untergebenen auf Geheiß der Spanier beruhigen wollte. Danach lieferten die Azteken Cortés einen gnadenlosen Kampf. Doch sie unterlagen und wurden nahezu ausgerottet.

Die Azteken verwendeten zu ihrer Verteidigung gefährliche Pfeilspitzen aus Glasachat, die mit Gift getränkt waren. Obwohl die spanischen Soldaten zahlenmäßig unterlegen waren, gelang es ihnen, die Azteken zu besiegen.

Die Stammeshäuptlinge unterwerfen sich Cortés.

„Quetzalcóatl" nannten die Azteken einen weißen, friedlichen Gott, der vor langer Zeit über ihr Volk geherrscht haben soll. Dieser Gott soll Gewalttaten verabscheut haben, was erklärt, warum die Azteken Cortés, den sie ja für Quetzalcóatl hielten, so friedfertig gegenübertraten.

Quetzalcóatl, die gefiederte Schlange (Mosaik aus Türkisen)

Die Azteken waren hervorragende Töpfer und großartige Baumeister. Sie beteten Regen-, Mond- und Sonnengottheiten an und brachten ihnen regelmäßig Menschenopfer dar.

Die Mondpyramide in Mexiko

Das Reich der Inka

Von Peru aus, dem Andenreich, herrschten die Inka über ein riesiges Gebiet, das sich vom Äquator über Bolivien und Argentinien bis nach Chile ausdehnte.

Die Inka waren große Baumeister: Sie bauten im ganzen Land ein 5000 Kilometer langes Straßennetz aus, gruben Tunnel in die Hügel und überspannten die Flüsse mit Steinbrücken. Ohne Metallwerkzeuge zu kennen, behauten sie tonnenschwere Steinblöcke mit einer solchen Präzision, daß die starken Mauern bis heute überdauert haben.
Die zwei wichtigsten Städte des Inkareiches waren Machu Picchu, eine Festung, die auf 2000 Meter Höhe errichtet worden war, und Cuzco, die Hauptstadt. Zahlreiche Betriebe für Spinn- und Webwaren, Töpfereien und Schmuckwerkstätten sicherten den Wohlstand dieses Volkes.

Der Inkakönig Atahualpa empfängt den Konquistador Pizzaro.

Die Inka hatten sich auf Goldarbeiten spezialisiert. Von so viel Reichtum waren die Spanier geblendet. Der Inkakönig Atahualpa empfing den Konquistador Francisco Pizarro bei sich und bot ihm allen Besitz gegen seine eigene Freiheit an. Pizarro und seine Leute plünderten das Landhaus Atahualpas und sollen drei Tage gebraucht haben, um all das Gold und andere Schätze fortzutragen.

Inka mit ihren Lamas vor den Mauern von Cuzco

Der Herrscher der Inka versprach ihnen noch mehr Gold, doch Pizarro gab den Befehl, ihn hinrichten zu lassen. Pizarro eroberte das gesamte Inkareich und ernannte sich zum Alleinherrscher.

1539 machte sich eine Expedition unter der Leitung von Gonzalo Pizarro, dem Bruder des Inkareich-Eroberers, weiter nach Osten auf: Sie waren auf der Suche nach dem geheimnisvollen Eldorado und dem Land der Zimtwälder. Zimt war damals ein kostbares Gewürz. Mit hochbeladenen Wagen, unglaublich vielen indianischen Trägern, Mauseseln und Lamas brach die Expedition auf. Nachdem sie die letzten Ausläufer der Anden hinter sich gelassen hatten, drangen sie in den undurchdringlichen Urwald ein. Die Regenzeit begann. Krankheiten brachen aus, und viele starben.

Im Dschungel der Anden war das Vordringen für die Konquistadoren voller Gefahren.

Ein Hinterhalt bei einer Floßfahrt auf dem Amazonas

Im Urwald gefangen

Francisco de Orellana glaubte, mit Kriegerinnen (Amazonen) zu kämpfen. Es waren jedoch Männer mit langen Haaren und rundlichen Körpern.

Die Spanier waren nur von einer Idee besessen: das sagenhafte Eldorado zu finden! Im Dezember 1541 beauftragte Pizarro Francisco de Orellana, sich mit einer kleinen Gruppe weiter durch den Urwald durchzuschlagen.

Auf der Suche nach Gold
Orellana ließ Indianer foltern, um ihnen das Geheimnis des sagenhaften Landes zu entreißen und an die riesigen Goldvorkommen zu gelangen, von denen in der Sage vom Land Eldorado berichtet wurde. Doch die Indianer schickten Orellana immer weiter in die Urwaldhölle hinein. Schließlich fuhr er den Fluß Marañón hinunter und gelangte an einen riesigen Fluß: den Amazonas. So war das Ergebnis dieser gierigen Suche nach Gold die Entdeckung eines der größten Flüsse der Erde.

Goldfigurine (Kolumbien)

In den Anden

Über den Berggipfeln schwebt der Kondor, der heilige Vogel der Inka.

Während Pizarro den Süden Perus regierte, unternahmen seine Offiziere Entdeckungsvorstöße ins Landesinnere und entlang der Küste. Im Jahre 1535 führte Diego de Almagro eine Expedition in den Süden. Doch sie war nicht sehr erfolgreich, denn es gab kaum Überlebende: Wer nicht auf den eisigen Pässen der Anden erfroren war, verdurstete später in den öden Weiten der Atacama-Wüste.

Darauf versuchte Pedro de Valdivia sein Glück. Er nahm 1540 dieselbe Route und erreichte die Pazifikküste. In einem grünen, mit Mandelbäumen bestandenen Tal gründete er die Stadt Valparaíso und später im Landesinneren Santiago del Nuevo Extremo, heute Santiago de Chile.

Die Kordilleren

Die Kordilleren sind eine Gebirgskette, die sich an der Westküste Amerikas von Alaska bis Feuerland erstreckt. Der nordamerikanische Teil der Kordilleren sind die Rocky Mountains, der in Südamerika liegende Teil wird „Anden" genannt.

1548 setzte Valdivia seinen Eroberungszug nach Süden fort und drang in das Gebiet der Araukaner ein. Diese wilden Krieger wollte er durch Brutalität besiegen: Gefangene schickte er mit abgehackten Händen und Füßen zu ihrem Stamm zurück. Doch solche Grausamkeiten erhöhten nur die Kampfbereitschaft der Araukaner. Angeführt von ihrem Häuptling Colocolo, griffen sie die spanischen Festungen an. Valdivia wurde gefangengenommen und getötet. Der spanischen Krone hinterließ er jedoch ein riesiges Reich: Chile.

Terrakottafigurine (Peru)

Valdivias Expedition in die Kordilleren: 150 Spanier, mehr als 10 000 indianische Träger, Handwerker sämtlicher Berufe, Hunderte von Lamas, Pferden und Maultieren, ganze Rinderherden, Schweine, Geflügel. Die Entdeckung, Eroberung und Kolonisation des Landes geschah fast gleichzeitig.

Valdivias Expedition in die Kordilleren

Die Quelle des Reichtums

Die Konquistadoren, die sich nach Südamerika einschifften, hatten nur das eine Ziel: schnell reich zu werden. Die spanische Krone erhob allerdings Anspruch auf ein Fünftel der Beute. Nachdem die Schatzkammern der Indianer Mittel- und Südamerikas geleert waren, mußte man das Gold in den Bergen schürfen und aus den Flüssen waschen. Die Indianer wurden zu Sklaven gemacht und mußten die schwere Arbeit leisten. Kaum einer überlebte die Strapazen. Nach Spanien floß mehr Gold, als in ganz Europa seit dem Altertum je vorhanden gewesen war.

Das Silber der Minen von Potosí in Bolivien wurde mit Mauleseln nach Nombre de Dios geschafft und von dort mit Schiffen nach Spanien transportiert.
Jedes Tier trug 140 Kilogramm.

Unendlicher Reichtum

Nach der Entdeckung großer Silbervorkommen in Peru und Mexiko um 1545 wurden Tausende von Tonnen Silber nach Europa verschifft. Der unerwartete Reichtum führte Spanien aber an den Rand des Ruins, denn eine Geldentwertung machte die Einkünfte zunichte: Die Preise kletterten in schwindelerregende Höhen. Kaufleute aus England und Holland konnten in Spanien ihre Waren billiger verkaufen als die einheimischen Händler.

Missionsstation in Brasilien

In abgelegenen Gebieten wurden Missionsstationen mit Schulen, Krankenstationen und Kirchen errichtet. Dort wurden die Indianer in christlichem Glauben und westlicher Lebensweise unterrichtet und dadurch immer mehr von ihren eigenen Bräuchen und Lebensformen entfremdet.

Gold- und Edelsteinrausch

Westlich der Bucht von Rio de Janeiro wurde das von den Jesuiten 1554 gegründete São Paulo zum Zentrum der Kolonialisierung des Landes: Von hier aus führten die Eroberer ihre Überfälle auf Indianerstämme aus, die sie zur Zwangsarbeit auf die Plantagen verschleppten. Weiter im Norden fielen Goldsucher und Abenteurer bei der Entdeckung der reichen Gold- und Edelsteinadern des Mato Grosso und der Minas Gerais übereinander her. Die ersten portugiesischen Siedler ließen sich an der Küste von Pernambuco nieder und führten mit Erfolg den Zuckerrohranbau ein. Das weckte die Geldgier der Holländer, die hier Anfang des 17. Jahrhunderts eine bald blühende Kolonie gründeten.

Die Arbeitsbedingungen in den Minen waren grauenhaft: Die anstrengende Arbeit bei eisiger Temperatur in dünner Luft überlebte kaum ein Indianer länger als drei Monate.

Handel mit schwarzen Sklaven

Baumwollplantage in den Vereinigten Staaten. Der ganze Wohlstand der Südstaaten beruhte auf billigen Arbeitskräften: den Sklaven.

Die „Ebenholz"-Händler

Schon immer hatten die arabischen Sklavenhändler ihren Bedarf an Menschen in Ostafrika gedeckt. Um die notwendigen Arbeitskräfte zu beschaffen, wurden vom 16. Jahrhundert an Menschen aus Schwarzafrika als Sklaven verschleppt. Die neuen „Ebenholz"-Händler überfielen die Grenzstaaten des Golfs von Guinea (Westafrika) und entführten Eingeborene nach Amerika: Im 17. und 18. Jahrhundert wurden so mehr als 14 Millionen Afrikaner versklavt.

Der „Dreieckshandel"

Die europäischen Sklavenhändler tauschten an den afrikanischen Küsten ihren Vorrat an Glasperlen, Baumwollstoffen und Gewehren gegen Sklaven ein; dann segelten sie nach Amerika, um dort ihre „Ladung" weiterzuverkaufen und sich mit Tropenprodukten einzudecken. Diese brachten sie dann gewinnbringend in Europa „an den Mann".

Der schwarze Sklave muß als unmenschliche Strafe eine Eisenmaske tragen.

Vor allem Araber und Portugiesen betrieben Sklavenhandel. Aus Westafrika verschleppten sie über 2 Millionen Schwarze nach Amerika.

Sklavenschiff im Querschnitt   Sklavenfolter

Erst im 18. Jahrhundert, dem Zeitalter der Aufklärung, kritisierte die europäische Öffentlichkeit immer heftiger den Handel mit Sklaven. 1815 sprachen sich die europäischen Staaten gemeinsam gegen die Sklaverei aus, die jedoch in den Kolonien und in den Vereinigten Staaten noch lange weiterbestand.

Sklaven bei der Zuckerrohrernte

Flotten voll Gold

Von Spanien in die Neue Welt

Seit dem Ende des 15. Jahrhunderts nahmen Jahr für Jahr Hunderte von spanischen Schiffen Kurs auf die Neue Welt, wie Südamerika genannt wurde.

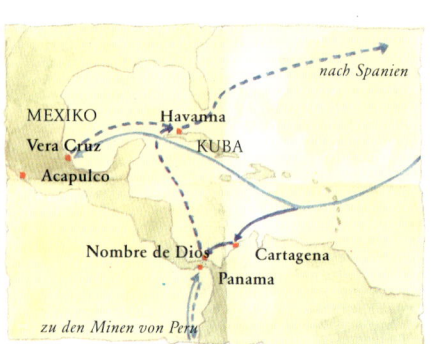

Reiserouten

An Bord hatten sie Öl, Getreide, Wein, Werkzeuge, Vieh: alles, was in den neuen Kolonien benötigt wurde. Bei ihrer Rückkehr brachten sie Gold mit, sofern sie nicht Schiffbruch erlitten hatten oder Korsaren in die Hände gefallen waren. Die „Neu-Spanien", die zu den Antillen und nach Mexiko segelte, stach im April 1543 in See. Die „Festland" mit Kurs auf Südamerika lichtete im August die Anker. Die zwei Schiffe trafen sich bei der Rückkehr in Kuba und fuhren zu Beginn des folgenden Jahres mit Gold und Silber beladen wieder weiter.

In solchen Geldschränken wurde der Anteil des Königs, das „königliche Fünftel", transportiert.

Die spanische Kriegsflotte war so erfolgreich und feuergewaltig, daß sie Ende des 16. Jahrhunderts im Ruf stand, unbesiegbar zu sein. 1588 beschloß König Philipp II., mit einem Geschwader, der berühmten Armada, England anzugreifen, um dieses Land wieder zum Katholizismus zurückzuführen und um sein eigenes Reich zu vergrößern. Von den 130 Schiffen, die zur Eroberung Englands aufgebrochen waren, kehrten jedoch nur 60 zurück.

Die spanische Armada

Die Engländer setzten zu ihrer Verteidigung eine furchtbare Waffe ein: Brandschiffe. Das waren kleine, mit Schießpulver, Pech und anderen Brennstoffen beladene Boote, die gegen die feindlichen Schiffe prallten und sie in Brand setzten.

Schiffskanone

Spanien verteidigte eifersüchtig die Handelsherrschaft in seinen Kolonien. Doch es konnte die Landung anderer Nationen in Südamerika und die Überfälle der Korsaren auf seine Schiffe und befestigten Häfen nicht verhindern.

Das Gold der Indianer wurde an Bord der Galeonen nach Europa transportiert.

Galeonen waren große Segelschiffe. Auf ihrem Weg in die Heimat waren diese Schiffe ständig in großer Gefahr: Sie konnten auf Riffen auflaufen, in Stürmen sinken oder von Seeräubern überfallen werden. Jede dritte Galeone kehrte nie zurück, und große Reichtümer liegen noch heute auf dem Meeresgrund. Die Piraten versteckten ihre Beute auf abgelegenen kleinen Inseln. Wurde ein Pirat gefangen, so gab er das Versteck selbst angesichts des Galgens nicht preis.

Eine große Gefahr für die Schiffahrt waren die tropischen Wirbelstürme.

Die Piraten trieben auf hoher See ihr Unwesen

Piraten waren Banditen auf hoher See, die immer und überall ihr Unwesen trieben. Sie griffen fremde Schiffe an, enterten sie und stahlen das mitgeführte Gold und was sonst noch an Bord war.

Francis Drake

Einer der berühmtesten Piraten war der Engländer Francis Drake. Er überfiel 1573 die Hafenstadt Nombre de Dios in Panama, brandschatzte 1585 Cartagena (Kolumbien) und legte Santo Domingo (Haiti) in Schutt und Asche. Für diese Verbrechen wurde er jedoch nicht etwa bestraft – im Gegenteil: Die englische Königin Elizabeth I. erhob ihn in den Adelsstand, und er durfte sich fortan Sir Francis Drake nennen.

Piratenhäuptling

Nicht alle Piraten wurden für ihre Überfälle belohnt. Nur wer einen Kaperbrief besaß, durfte feindliche Schiffe überfallen. Sonst stand auf Seeräuberei der Tod. So gab es auch viele Piraten, die am Galgen endeten oder enthauptet wurden. Man erzählt von einem Piratenhäuptling, der mit abgeschlagenem Kopf an allen seinen Männern vorbeigegangen sein soll und seine Mannschaft auf diese Weise vor der Hinrichtung bewahrt hat.

Die beiden wichtigsten Dinge im Leben eines Piraten waren ein guter starker Rum und ein sicheres Versteck für die Beute. Meist versteckten sie die angehäuften Schätze auf einsamen Inseln. Die Seeräuber verwahrten das geraubte Gold und Silber und die Edelsteine in großen Schatztruhen, die sie an einer geeigneten Stelle der Insel bei Nacht und Nebel vergruben. Oft hatten sogar die Piraten selbst Schwierigkeiten, einen einmal vergrabenen Schatz wiederzufinden. Darum zeichneten sie verschlüsselte Schatzkarten mit allerlei geheimen Zeichen, um den Weg zum Versteck nicht zu vergessen.

Prächtiges Piratenschiff

Freibeuter der Meere

Die gefürchtete schwarze Flagge der Piraten: der Jolly Roger

Die Piraten hatten als Zeichen eine schwarze Flagge, die in angelsächsischen Ländern „Jolly Roger" genannt wird. Der Schädel mit den gekreuzten Knochen war ein Todeszeichen. Manchmal kam noch ein Skelett mit einem Säbel in der einen und einer Sanduhr in der anderen Hand dazu, um dem Feind unmißverständlich klarzumachen, wie kurz er noch zu leben hatte. Hin und wieder hißten die Piraten eine rote Flagge, um der Besatzung des feindlichen Schiffes zu signalisieren, daß alle umgebracht würden, falls sie Widerstand leisteten.

Im 17. Jahrhundert hatten auch Berber, die als Piraten im Mittelmeer und im Atlantik ihr Unwesen trieben, ihre große Zeit. Ihre Schiffe hatten hohe Masten und waren schnell und wendig. Sie griffen die goldbeladenen Handelsschiffe bei ihrer Rückkehr aus den spanischen Kolonien genauso an wie die Ruderbarken aus St. Malo an der bretonischen Küste oder die dänischen Schiffe im Isländischen Meer.

Die Beute und der Rum: die beiden wichtigsten Dinge im Leben eines Piraten

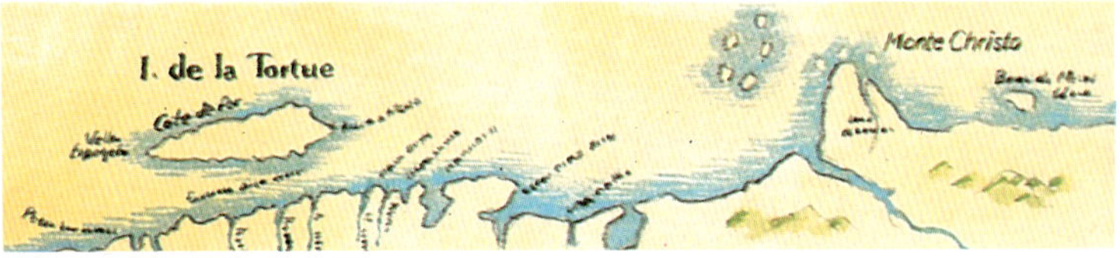

Die Beute wird an Land gebracht.

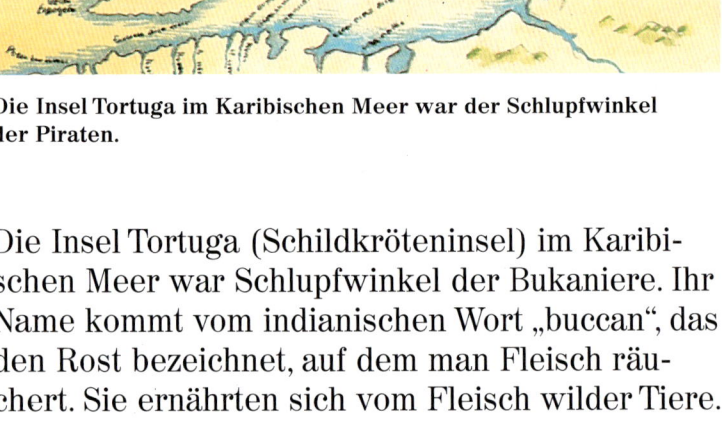

Die Insel Tortuga im Karibischen Meer war der Schlupfwinkel der Piraten.

Die Insel Tortuga (Schildkröteninsel) im Karibischen Meer war Schlupfwinkel der Bukaniere. Ihr Name kommt vom indianischen Wort „buccan", das den Rost bezeichnet, auf dem man Fleisch räuchert. Sie ernährten sich vom Fleisch wilder Tiere.

Flibustier waren westindische Piraten, die ausschließlich spanische Schiffe und Besitzungen in den karibischen Kolonien plünderten.

Alle diese Piraten fuhren entweder auf einer Schaluppe, einem Logger oder einer Brigantine.

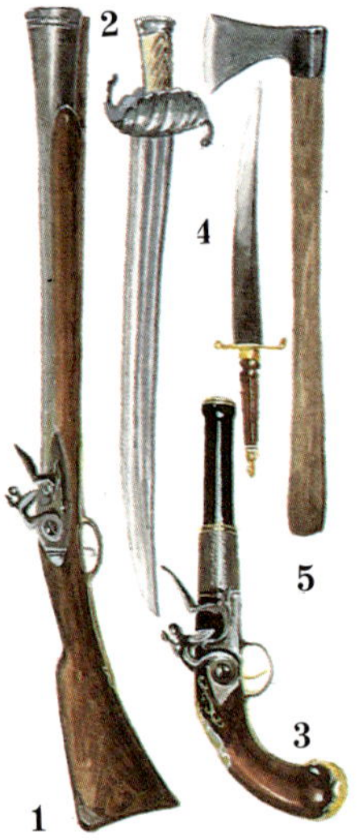

Die Waffen der Piraten:
1 Gewehr
2 Enterschwert
3 Pistole
4 Dolch
5 Beil

Die berühmtesten Piraten waren Schwarzbart, Michel der Baske, Vent-en-Panne, Beauregard, Bras-de-Fer, Pierre-le-Grand, Pierre-le-Picard, Roc-le-Brésilien, Tributor-le-Gascon, Calico Jack, William Kidd, Henri Morgan, Jean-François Nau, genannt der Ollonais, Monbars-l'Exterminateur, aber auch einige Frauen, wie Anne Bonney und Mary Read.

Korsaren – „staatlich anerkannte" Seeräuber

„Korsaren" waren „staatlich anerkannte" Seeräuber. In Kriegszeiten erhielten die mutigsten Seefahrer einen Schutzbrief des Königs. Damit hatten sie das Recht, während der Dauer eines Krieges feindliche Handelsschiffe zu überfallen. Einen Teil der Beute durften sie behalten, aber den anderen Teil mußten sie dem König abliefern. Als Gegenleistung für den Schutzbrief waren die Korsaren gezwungen, einen bestimmten Betrag zu bezahlen, der dazu diente, die Verluste der Schiffe neutraler Staaten zu ersetzen, falls diese irrtümlich angegriffen würden.
Alle Korsaren waren hochgeachtet, ihre Überfälle auf feindliche Schiffe galten als Heldentaten.

Im September 1792 meldet die Küstenwache von St. Malo eine havarierte Yacht. Es war die Brigg Surcoufs ohne Fockmast und ohne Geschütze. Die ausgemergelten Gestalten an Deck hatten kaum noch Ähnlichkeit mit den verwegenen Männern, die vor 18 Monaten ausgefahren waren.

Dublone **Krone** **Louisdor**

Robert Surcouf war der Nachfahre eines berühmten Korsaren aus St. Malo. Er wurde 1773 geboren und lernte bereits mit 13 Jahren das rauhe Leben auf See kennen. Sehr bald schon erwies er sich als besonders tüchtig auf See und fuhr einem abenteuerlichen Leben im Indischen Ozean entgegen.

1795 wurde er Korsarenkapitän. Seine berühmteste Kriegstat war der Kampf gegen die „Kent", eines der besten Schiffe der britischen Marine. David gegen Goliath: Surcouf griff mit der „Confiance" (18 Kanonen, 150 Mann Besatzung) das große Schiff der Briten an (38 Kanonen, 437 Mann Besatzung, davon 150 Gewehrschützen). Beim Entern der „Kent" wurden 70 Engländer, darunter auch der Kapitän, getötet. Surcoufs Beute wurde auf 365 000 Piaster geschätzt.

Das beliebteste Schiff bei den Korsaren war der Logger, ein dreimastiges Kielfahrzeug. Seine wichtigsten Vorteile waren Schnelligkeit und Wendigkeit, wenn man den Feind jagen wollte.

Am 7. 8. 1800 beteiligte sich Louis Garnerey an der Seite Surcoufs am Angriff auf ein englisches Schiff.

Der Kampf um die Gewürzinseln

Zehn Jahre nach der ersten Reise Vasco da Gamas (1498) errichteten die Portugiesen in Indien ein Reich. Als sie 1511 die Malaiische Halbinsel eroberten, eröffnete sich ihnen der Zugang zu China, und sie kontrollierten nun den Gewürzhandel, der bis dahin in den Händen arabischer und indischer Kaufleute gelegen hatte.

Eine Flotte im Chinesischen Meer

Es war die große Zeit der Segelschiffe. Auf dem Indischen Ozean segelten die arabischen Dhaus und im Chinesischen Meer die Dschunken.
In diesen tropischen Gewässern gab es unzählige Holzwürmer, die die Schiffsrümpfe befielen.
Kaum ein Schiff überstand mehr als zwei Reisen nach Indien.

Die Portugiesen erreichten Japan um 1540. Sie waren daran interessiert, das Monopol am Handel mit den Gewürzen zu erhalten.

Die Route nach Indien faszinierte schon immer Kaufleute und Forscher, die dort einen unerschöpflichen Reichtum vermuteten.
Vasco da Gama zeigte 1498 den Weg nach Indien. Die nachfolgenden Expeditionen mußten gegen die arabischen Kaufleute kämpfen, die ihre Handelsvormacht zu retten versuchten. Die Flotten wurden außerdem von Unwettern, Krankheiten und Piratenangriffen heimgesucht. 1510 nahmen die Portugiesen Goa an der Westküste Indiens ein und gründeten dort Handelsniederlassungen. Sie führten einen regen Handel mit seltenen Gewürzen, Tee, Tabak und Seide.

Piratenangriff im Arabischen Meer

Richtige Schatzinseln

Die Stützpunkte dieses Reiches waren einfache, befestigte Handelsniederlassungen. Sie waren leicht einzunehmen, doch die Überlegenheit ihrer mit Kanonen bestückten Schiffe sicherte den Portugiesen die Seehoheit. Die Molukken (Gewürzinseln), auf denen Pfeffer, Gewürznelken und Muskatnuß geerntet wurden, waren den anderen Ländern nicht zugänglich, und die Verbreitung von Karten, aus denen ihre geographische Lage hervorging, wurde mit dem Tode bestraft. Die Molukken waren richtige Schatzinseln: Gewürze, die dort gekauft wurden, konnten auf dem Markt von Antwerpen zu einem 800mal höheren Preis verkauft werden.

Die begehrtesten Gewürze:
1 Pfeffer
2 Muskatnuß
3 Nelken
4 Zimt
5 Vanille

Das Jahrhundert der Niederländer

Die Flagge der VOC („Vereinigte Holländische Compagnie")

Die erste Ostindische Handelskompanie

1599 erschien eine Schrift, durch die die Reiseroute nach Indien bekannt wurde – ein Zeichen für den Niedergang des portugiesischen Reiches. Die „Vereinigte Holländische Compagnie", die berühmte VOC, die 1602 mit privatem Kapital gegründet wurde, eroberte innerhalb weniger Jahre dieses am Ende der Welt gelegene Reich. Jakarta auf der Insel Java wurde 1619 erobert. Bei den Holländern hieß diese Stadt bis 1950 Batavia. Sie wurde zum Zentrum des niederländischen Handels in Indonesien. In Südafrika ermöglichte die 1652 gegründete Stadt am Kap (Kapstadt) eine wirksame Kontrolle des Seewegs nach Indien.

Die Schiffswerften der Holländer waren die leistungsstärksten in Europa. Dort setzte man von Windmühlen angetriebene mechanische Sägen ein. Unmengen Holz, Teer und Hanfseile wurden verarbeitet. In Amsterdam befand sich der größte Markt für gebrauchte Schiffe.

Die Spediteure der Meere

Im 17. Jahrhundert beförderten niederländische Schiffe fast alle Waren. Deshalb galten die Niederländer als die „Spediteure der Meere". Das typische Handelsschiff war die Fleute, ein bauchiges dreimastiges Segelschiff, das rasch vorwärts kam. Wenige Männer genügten, um es zu bedienen.

Das „Komitee der Siebzehn" an der Spitze der VOC beschränkte den Anbau der Gewürze auf bestimmte Inseln: zum Beispiel Zimt auf Ceylon, Muskat auf den Banda-Inseln und Gewürznelken auf der Insel Amboina (Molukken). Auf allen anderen Inseln wurden sämtliche Gewürzpflanzen vernichtet, um die hohen Gewürzpreise zu halten.

Modell eines holländischen Handelsschiffes (Fleute)

Im Hafen von Amsterdam

Die Ostindischen Handelskompanien

Von Anfang an wurde der VOC von der englischen Ostindischen Kompanie („Old Lady") Konkurrenz gemacht. In Frankreich wurde unter Minister Colbert eine erste Ostindische Kompanie ins Leben gerufen, die ihre Werft in der Hafenstadt Lorient hatte. Die Franzosen unterhielten Handelsniederlassungen in Indien und setzten sich auf den Inseln Réunion und Mauritius fest. Dänen und Schweden gründeten ebenfalls ihre eigenen Kompanien.

Eine Indienreise dauerte hin und zurück 2–3 Jahre, allein für die Geschäfte brauchte man 10–20 Monate.

Solche Unternehmen bargen jedoch Risiken in sich: Viele Seeleute starben an Skorbut (Vitamin-C-Mangelkrankheit), durch Schiffbruch gingen wertvolle Ladungen verloren, ganz abgesehen von den Piraten und Korsaren, für die die Handelsschiffe eine leichte Beute waren. Doch die Gewinne, die eine Indienreise einbrachte, machten solche Verluste mehr als wett.

Es war schwierig, die Kontrolle über ein so riesiges Seegebiet zu behalten, das sich von Indien über Java bis nach China erstreckte. Es kostete viel Geld, sich die Überlegenheit über andere Handelskompanien zu sichern. Das trug allmählich zur Schwächung der VOC bei. Außerdem schadete ihrem Ansehen, daß fernab vom Mutterland die Leiter der Handelsniederlassungen auf großem Fuß lebten und die Augen vor den Schmuggelgeschäften ihrer eigenen Leute verschlossen, die auf diese Weise beträchtliche Summen beiseite schaffen konnten.

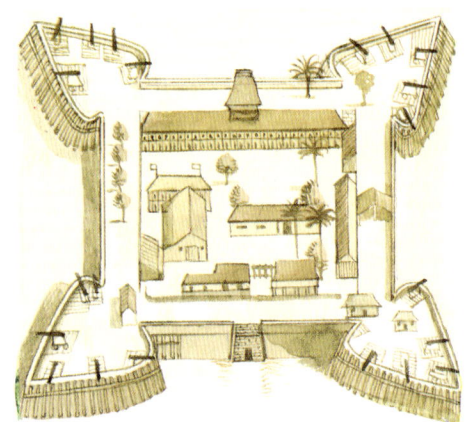

Holländisches Fort auf einer Banda-Insel

Handelsspionage

Trotz der gefälschten Karten, die fremde Schiffe täuschen sollten, wurde es immer schwieriger, die Anbaugebiete der begehrten Gewürze geheimzuhalten. 1769 gelang es dem französischen Verwalter der Insel Mauritius, Pierre Poivre, sich Muskatnuß- und Gewürznelkenbaumpflanzen von den Molukken, einer niederländischen Kolonie, zu beschaffen und sie auf seinen Ländereien anzubauen.

Die Teeroute

Ein „Indiaman" (Handelsschiff aus Teakholz) der Ostindischen Kompanie

Kriege und Handel in Asien

In Indien standen sich England und Frankreich mit der gleichen unerbittlichen Feindschaft gegenüber: Die 1708 in England gegründete „East India Company" (EIC) versuchte, die französische „Ostindische Kompanie" auszuschalten. Die Kraftprobe ging zugunsten der Engländer aus: 1763 erhielten sie den französischen Besitz mit Ausnahme einiger weniger Handelsniederlassungen. Zwei Jahre später hatten die Engländer auch in Bengalen Fuß gefaßt und waren bald die Herren des gesamten indischen Kontinents, der der Ausgangspunkt für alle ihre Eroberungen in Asien wurde.

London entwickelte sich zum ersten Börsen- und Finanzplatz, und die britischen Schiffe bestimmten die Gesetze auf allen Meeren.

Der Überseehandel ließ neue Bedürfnisse entstehen: Schokolade, Kaffee und Tee waren nun als Genußmittel nicht mehr wegzudenken. Teeliebhaber zahlten gern hohe Preise für die Lieferungen der besten Teesorten aus China, die alljährlich im Frühjahr gepflückt wurden.

Im 19. Jahrhundert führten die englischen Lebensmittelgeschäfte Waren aus allen Kontinenten.

Die Schnellsegler

Um 1840 gab es neue, schnelle Handelsschiffe, die Klipper. 1849 erreichte die „Seawitch" (Meerhexe) des amerikanischen Schiffsbauingenieurs John Griffith Hongkong von New York aus in der Rekordzeit von 74 ¼ Tagen. Zur gleichen Zeit zeichnete Matthew Fountain Maury neue Seekarten, in denen die Winde und Strömungen aller Weltmeere festgehalten waren. So wurden die großen Überfahrten sicherer und schneller.

Englische Schiffe in Kalkutta

Wie die Indianer lebten

Heute steht fest, daß Nordamerika um das Jahr 1000 von dem Wikinger Leif Eriksson, dem Sohn von Erik dem Roten, entdeckt worden ist. Leif brach mit einigen Schiffen von Grönland aus auf. Nachdem er an der Nordostküste Amerikas an Land gegangen war, gründete er dort eine kleine Siedlung. Sehr viel später reisten Männer wie Amerigo Vespucci (daher: Amerika), Christoph Kolumbus, Ponce de Leon und viele Franzosen nach Amerika. Das Land war von Eingeborenen besiedelt, die „Indianer" bezeichnet wurden.

Ihr Reich erstreckte sich vom Atlantik bis zum Pazifik. Sie lebten in den Bergwäldern und in den weiten Prärien. Manche jagten Büffel, andere bauten Mais an.

Meist lebten die Indianer als Halbnomaden; sie waren hervorragende Reiter und lebten von der Jagd und dem Sammeln von Pflanzen. Einige Stämme wohnten in Holz- oder Lehmhäusern, andere in Zelten aus Tierhäuten, die man schnell abbrechen konnte. Ihre Waffen waren einfach, doch ungeheuer wirksam: Lanzen, Pfeil und Bogen, Streitäxte aus Stein, die man Tomahawks nennt.

Pitatapiu vom Stamm der Assiniboin in Kriegerausrüstung

Indianerhäuptling aus Florida (nach einem Aquarell aus dem 16. Jahrhundert)

Um auf Flüssen und Seen zu fahren, benutzten die Indianer flache Kanus, die aus Holz oder Rinde gearbeitet und mit Tierhäuten bezogen waren. Sie bemalten bei kriegerischen Auseinandersetzungen mit anderen Stämmen oder den weißen Siedlern ihre Gesichter mit Farben, was bedrohlich wirkte, und sie schmückten ihr Haar mit Federn. Auch trugen die Indianer Mokassins, das sind sehr leichte, flache Schuhe aus Leder, mit denen sie bei Angriffen leise anschleichen konnten.

Einige Stämme verständigten sich mit den Weißen. Andere beugten sich den Eindringlingen nicht; sie „gruben das Kriegsbeil aus" und lieferten sich erbitterte Kämpfe mit den Weißen.

Alle Indianer besaßen ihre eigene Religion. Fast jeder Stamm hatte ein besonderes Totem: Das sind geschnitzte und bemalte Pfähle, die in der Mitte des Dorfes aufgestellt waren und die ein Stammestier zeigten.

Ein von den Assiniboin errichteter Steinblock zur Beschwörung der Büffel

Aufbruch nach Nordamerika

Hernando de Soto war ein Waffenkamerad Pizarros und gierte nach Ruhm und Gold. Peru und Mexiko waren schon erobert. Übrig blieben noch die geheimnisvollen Gebiete nördlich davon. 1539 ging de Soto mit einer schwerbewaffneten Armee in Florida an Land und erreichte nur mühsam das Appalachengebirge. Nach heftigen Kämpfen mit den Seminolen geriet die Truppe auf das Gebiet der Komantschen, einem kriegerischen Indianerstamm. Trotzdem konnten sie den Mississippi erreichen und errichteten dort 1542 ein Feldlager.

Ein Pueblo, eines der indianischen Felsendörfer, in denen die Spanier Schätze vermuteten

Ein schwimmendes Grab

Die Hoffnungen Hernando de Sotos und seiner Männer wurden jedoch bitter enttäuscht: Das neu entdeckte Land barg weder Gold noch andere märchenhafte Schätze, für die es sich gelohnt hätte, sich der Indianergefahr auszusetzen. Entmutigt machten sich die Spanier auf den Rückweg, auf dem de Soto unerwartet starb. Aus Angst, daß seine Leiche von den Indianern geschändet werde, bargen sie ihn in einem ausgehöhlten Baumstamm und warfen ihn in die Strömung des Mississippi.

Gefährliche Expedition durch die Sümpfe

Als die Spanier durch die Sümpfe Floridas wateten, waren Alligatoren und giftige Schlangen nicht die einzigen Gefahren: Die dort heimischen Seminolen verteidigten ihr Land gegen die Eindringlinge.

Spanische Reiter in New Mexico. In Amerika war das Pferd vor der Ankunft der Konquistadoren unbekannt.

Gegen die gut bewaffneten Spanier hatten die Einheimischen keine Chance.

Die Franzosen besiedeln Nordamerika

Im 16. Jahrhundert begann Frankreich mit der Gründung erster Siedlungen in Kanada. Die Männer mußten die Flüsse befahren, um ins Landesinnere vordringen zu können. Jacques Cartier war einer der ersten, der wichtige Schiffahrtswege entdeckte, auf denen auch große Schiffe fahren konnten.

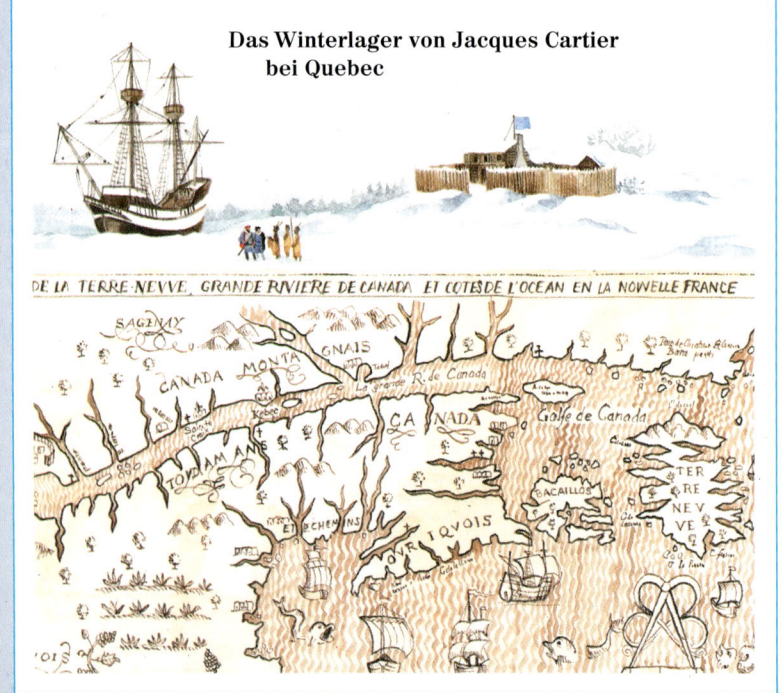

St. Malo, der Geburtsort von Jacques Cartier

> Wir wollten ein Zeichen setzen, um die Landung von Christen zu dokumentieren.
> Jacques Cartier

Bei seiner ersten Reise im Jahre 1534 erforschte er die Westküste der Neuen Welt. Bei seiner zweiten Reise erreichte er mit Hilfe der Indianer den Sankt-Lorenz-Strom. Dort wagte er sich in das Irokesendorf Hochelaga, wo das spätere Montreal entstand.

Während seiner Expeditionen überwinterte Cartier in der Nähe des heutigen Quebec. Seine Männer hatten dabei unter Kälte, Skorbut und Indianerangriffen zu leiden.

Obwohl Frankreich, das in Europa Krieg führte, an seinen Entdeckungen nicht interessiert war, unternahm Cartier 1541 eine dritte Reise nach Kanada. Er erforschte den Sankt-Lorenz-Strom und bewies, daß es sich hier nicht um eine Verbindung zwischen Asien und Amerika handelte, wie damals viele geglaubt hatten.

Die Franzosen, die Cartiers Spuren folgten, fanden zwar kein Gold, aber eine andere Quelle ungeheuren Reichtums: Pelze und Felle, aus denen wertvolle Bekleidungsstücke hergestellt wurden. Sie jagten in der Folgezeit so viele Tiere, daß einige Arten vom Aussterben bedroht waren.

Das Winterlager von Jacques Cartier bei Quebec

Signatur eines Irokesenhäuptlings von 1701. Das Fell des Bibers war ein begehrtes Handelsobjekt.

Ein Fischer der Neuen Welt (um 1720)

60 Jahre später gründete Samuel de Champlain eine Kolonie, das spätere Quebec, und erforschte den Huron- und den Ontariosee. 1620 entdeckte Etienne Brulé eine der größten Wasserflächen der Welt: den Oberen See. Weitere Expeditionen erforschten dann das Gebiet um den Mississippi-Strom.

Die Gründung Neu-Frankreichs, des heutigen Kanada

Büffeljagd

Bevor die Europäer Amerika in Besitz nahmen, gab es dort riesige Büffelherden. Die Indianer verehrten diese friedlichen Tiere und gingen nur dann auf Büffeljagd, wenn sie das Fleisch als Nahrung benötigten. Die weißen Eindringlinge jedoch störten das friedliche Zusammenleben von Indianern und Büffeln. Sie wollten mit den Büffelfellen das große Geld machen und jagten die Tiere erbarmungslos. Überall, wo sie auf Büffelherden trafen, richteten sie ein großes Blutbad an. Sie nahmen nur die Felle mit sich und ließen die verendeten Tiere in den Prärien zurück. Viele schossen die Tiere auch nur zum Vergnügen oder um den Indianern die Nahrungsgrundlage zu rauben.

Seit der Gründung der Stadt Quebec durch Samuel Champlain im Jahr 1608 kamen viele Franzosen nach „Neu-Frankreich", wie Kanada bezeichnet wurde, um ihr Glück hier zu versuchen. René Robert Cavelier de La Salle wurde schnell ein echter „Kanadier": Er sprach verschiedene Indianersprachen und bereiste zu Fuß oder im Kanu riesige Gebiete auf der Suche nach neuen Wegen für den Pelzhandel. Auf seinen Entdeckungsfahrten gelangte er bis zu den Großen Seen und nach Ohio, in die Heimat der Irokesen.

Die Fahrt auf dem Mississippi

Ende 1681 fuhr der machtgierige Franzose mit 20 Gefährten und einer Gruppe Mohikaner den Mississippi hinunter. Sie erreichten am 6. April 1682 das Delta; am 9. April beanspruchte La Salle im Namen des Königs dieses – von Indianern bewohnte – Gebiet und nannte es Louisiana.

Ein Fort der Europäer in Nordamerika an den Grenzen zum Indianergebiet

Ein Indianer, der das Kalumet (Friedenspfeife) raucht.

Die Kanus der Indianer waren schnell und geräuschlos – ein ideales Boot, um unbemerkt zu bleiben.

La Salle erreicht am 6. April 1682 das Mississippi-Delta.

Flamingo aus dem Mississippi-Delta

Trapper durchforschen Nordamerika

Ein Krieger der Mandan. Im Gegensatz zu den Schwarzfuß-Indianern (Blackfoot) waren die Mandan den Weißen freundlich gesinnt. Trotzdem wurden sie umgebracht.

Im 17. Jahrhundert hatten Engländer, Spanier und Franzosen den nordamerikanischen Kontinent entdeckt. 1793, als die 13 britischen Kolonien sich zu den Vereinigten Staaten zusammenschlossen, waren riesige Gebiete noch unerforscht. Völkerkundler und Naturforscher stellten deshalb Expeditionen zusammen, um das Leben der einheimischen Indianerstämme kennenzulernen. Sie nahmen auch Maler mit, die diese ersten Begegnungen zwischen Weißen und Indianern festhielten.

Anfang des 19. Jahrhunderts war ein großer Teil Nordamerikas noch unbekanntes Land. Nur Trapper wagten sich in Gebiete östlich des Missouri. Thomas Jefferson, der dritte Präsident der Vereinigten Staaten, veranlaßte eine Expedition, denn er wollte eine Verbindungsroute zwischen dem Mississippi und dem Pazifik suchen lassen.

Die US-Captains Meriwether Lewis und William Clark wurden für diese Mission bestimmt. Im Oktober 1804 begegnete der kleine Trupp dem kanadisch-französischen Pelzhändler Toussaint Charbonneau und seiner indianischen Gefährtin Sacajaewa, zwei unersetzlichen Führern auf der weiten Reise. Nach der Überwindung der Rocky Mountains gelangte die Gruppe über die Flüsse Snake und Columbia zum Pazifischen Ozean.

Für den Rückweg teilte man sich in zwei Gruppen auf, die sich erst nahe der Yellowstone-Mündung wieder trafen.

Auf den Wegen, auf denen die Abenteurer ins Unbekannte vordrangen, folgten später auch die ersten Siedler. Trapper und Waldläufer lebten von der Jagd und betrieben Tauschhandel mit den Indianern, die ihnen Felle lieferten. Durch den engen Kontakt mit den Eingeborenen erhielten die Weißen genaue Kenntnisse über das fremde Land.

Durch die Vermittlung Sacajaewas konnte die Expedition vom Stamm der Shoshone Pferde für die Überquerung der Rocky Mountains bekommen.

Mandan-Dorf im Schnee

Die Eroberung des Westens

Kurierdienst

Pony-Expreß

Goldsucher

Die Straßen nach Westen

Der „weiße Mann" errang und sicherte schnell seine Vorherrschaft in Nordamerika. Die Indianer wurden in blutigen Schlachten von ihrem Land vertrieben und in Reservationen verdrängt. Unter ihren hervorragenden Anführern, wie zum Beispiel Sitting Bull, Crazy Horse, Red Cloud, Geronimo, setzten sich die Indianer erbittert gegen die Eindringlinge zur Wehr. Sie bereiteten General Custer eine entsetzliche Niederlage in der Schlacht am Little Big Horn, wo die gesamte amerikanische Kavallerie aufgerieben wurde. Doch Custer schlug kurz darauf grausam zurück.

Im Lauf der Eroberung Amerikas wurden die Indianer nahezu ausgerottet. Heute leben sie meist zusammengepfercht in ihnen zugewiesenen Reservationen und haben den Bezug zu ihrer Geschichte und Kultur häufig verloren.

Planwagen

Überall an den Straßen nach Westen entstanden neue Städte.

Die Kunde, daß im Westen des Landes Gold gefunden worden war, verbreitete sich mit rasender Geschwindigkeit in Europa. Tausende machten sich auf, um im „Wilden Westen" ihr Glück zu machen. Die Vernünftigsten unter ihnen hofften auf ein eigenes Stückchen Land, das sie bebauen wollten. Die Verwegensten träumten aber davon, das Gold, von dem alle spachen, zu finden und steinreich zu werden.

Das Leben der ersten Siedler war hart und gefährlich. Die meisten reisten mit der ganzen Familie in einem Zug von Planwagen durch das weite Land, bis sie sich schließlich in fruchtbaren Gebieten niederließen. Um Goldminen herum entstanden viele wie aus dem Boden gestampfte Siedlungen, die oft einige Zeit später wieder verlassen wurden, wenn die Goldminen erschöpft waren.

Die Verbindung zwischen der Ost- und der Westküste war noch schwierig, aber es gab Kurierdienste, die die Post über große Entfernungen transportierten. Natürlich war das Reisen gefährlich, denn es gab oft Überfälle von Indianern, aber auch von weißen Banditen. Aus dieser Zeit ist die Pony-Expreß-Gesellschaft bekannt. Der berühmte Buffalo Bill war dort angestellt.

Pelze aus dem hohen Norden

Im Land der Trapper

In die unendlichen, fast unerforschten Weiten des amerikanischen Nordens drang kaum etwas von der Besiedlung des Landes durch die Weißen. Jenseits der Küsten und der Handelsniederlassungen an den Ufern der Großen Seen erstreckten sich die endlosen kanadischen Wälder. Dies war das Gebiet der französischen Trapper. Im Gegensatz zu den englischen Siedlern übernahmen sie die Lebensweise der Indianer. Sie lebten vom Tauschhandel mit Biber-, Nerz-, Fischotter- und Silberfuchspelzen.

Mitten im Wald ein kleines Indianerfort, Treffpunkt der Indianer, Trapper und Pelzhändler

Die Tiere Kanadas

Die Trapper erlegten nicht nur die schönen Silberfüchse und die heute in freier Wildbahn nahezu ausgerotteten kleinen Nerze. Auch Biber und Fischotter wurden wegen ihrer kostbaren Felle rücksichtslos gejagt. Diese nachtaktiven Tiere leben in Bächen und Flüssen, deren Ufer ihnen Deckung und Unterschlupf bieten. Fischotter sind sogar noch in 2 500 Meter Höhe anzutreffen.

Als 1670 die englische Hudson's Bay Company gegründet worden war, kämpften französische und englische Händler einen unerbittlichen Kampf um jeden Quadratkilometer Land. Jede Seite wollte sich die Kontrolle über das Pelzgeschäft sichern. Diese zunächst örtlich begrenzten feindlichen Zusammenstöße dehnten sich jedoch aus: Bald kämpften England, Frankreich und Spanien um Landanteile in Nordamerika.

Zusammenkunft zwischen Indianern und Neuankömmlingen

1763 wurde Frankreich im Frieden von Paris aus Kanada verdrängt, doch die Hudson's Bay Company bekam eine neue Konkurrenz: die „North-West-Company", die 1773 von Schotten gegründet wurde. Die Rivalitäten wurden erst 1821 durch den Zusammenschluß beider Gesellschaften beendet.

In der ersten Hälfte des 19. Jahrhunderts durchstreiften die „Mountain Men" die Rocky Mountains und legten dort ihre Fallen aus. Trapper, Indianer und Händler trafen sich jedes Frühjahr auf den Pelzmärkten, die nahe der Forts in den großen Ebenen stattfanden.

Von 1804 bis 1806 durchquerten nicht nur die Amerikaner M. Lewis und W. Clark Nordamerika von Osten nach Westen: Die Soldaten Zebulon Pike und Charles Fremont erforschten zur gleichen Zeit jeweils den Südwesten und die Rocky Mountains bis zur Pazifikküste. Mit ihren Expeditionen bereiteten sie Fallenstellern, Pelzhändlern und Jägern den Weg ins Landesinnere, die sich dann das Land der Indianer aneigneten.

Clark und Lewis bewältigten einen Wasserfall, indem sie ihr Boot um ihn herum trugen.

Der Pelzkrieg

Der hohe Norden Kanadas: ein riesiges Wildreservat für Trapper

Im Norden Amerikas entwickelte sich mit der Entdeckung unbekannter Gebiete ein schwunghafter Pelzhandel. Bald entzündete sich zwischen den einzelnen Händlern und der „Hudson's Bay Company", Nordamerikas ältester Handelsgesellschaft, ein „Pelzkrieg". Sir Alexander Mackenzie, ein junger Kanadier schottischer Abstammung, war Bevollmächtigter der Handelsgesellschaft. Er wollte einen Wasserweg Richtung Westen suchen, um auch in Asien mit Pelzen zu handeln.

Auf der Jagd
Trapper (vom englischen trap = Falle) waren Pelztierjäger. Sie wagten sich weit in Indianergebiete vor und stellten Fallen auf, um mit dem Verkauf der Felle der erlegten Tiere Geld zu verdienen.

Ein Trapper

Die Rocky Mountains
Die Rocky Mountains sind eine Gebirgskette im Westen Nordamerikas, die bis zu 4 000 Meter ansteigt. Übersetzt heißt „Rocky Mountains" Felsengebirge.

Der „Fluß der Enttäuschung"
Am 3. Juni 1789 verließ Mackenzie mit einer Handvoll Männer in Kanus sein Fort in den Bergen, um über Flüsse und Seen einen Weg zur Westküste zu finden. Doch der Fluß, auf dem er sich befand, bog nach Norden ab. Am 14. Juli kam er schließlich am Nordpolarmeer heraus; das war eine herbe Enttäuschung. Er taufte den Fluß (der später nach ihm benannt wurde) „Disappointment River" (= Fluß der Enttäuschung). Trotzdem ließ er sich nicht entmutigen und brach im Oktober 1792 zu einer neuen Expedition auf. Dieses Mal fand er den Weg zum Pazifik, den er am 22. Juli 1793 erreichte. Damit war er der erste Europäer, der den nordamerikanischen Kontinent von einem Ende zum anderen durchquert hatte.

Bei der Überquerung der Rocky Mountains mußten Mackenzie und seine Kameraden reißende Sturzbäche überwinden.

Neue Entdeckungen

„Terra australis incognita", der unbekannte Kontinent, fand sich auf allen Karten des 16. Jahrhunderts. Es handelte sich hierbei um Australien, dessen Nordküste wahrscheinlich von den Portugiesen entdeckt worden war. Mit Willem Jansz und Dirk Hartog begannen die Holländer zu Beginn des 17. Jahrhunderts ihrerseits mit der Erforschung dieses Landes. Sie tauften es „Neuholland".

Im Januar 1788 verließen die ersten englischen Kolonisten ihr Schiff in Port Jackson an der Südostküste Australiens. Zu jener Zeit war nur ein Küstenstreifen dieses Kontinents von den Seefahrten des Kapitäns James Cook her bekannt. Schon bei den ersten Erkundungen entdeckte man westlich eines Bergmassivs fruchtbares Weideland. Doch das wüstenartige Landesinnere schien unzugänglich zu sein. Den Flüssen zu folgen, war unmöglich, denn sie versickerten stets irgendwo im Wüstensand. Trotzdem wollte man unbedingt eine Verbindung zwischen Süd- und Nordküste finden, denn von der Nordküste aus ließ sich besser Kontakt mit der übrigen Welt halten.

Kämpferische Ureinwohner von Neuholland (Australien)

Ein Maori, ein Ureinwohner von Neuseeland

Für die Geographen von 1750 war Neuseeland ein Teil des großen australischen Kontinents, und Neuguinea war mit Neuholland verbunden.

1770 war Cook der erste, der eine genaue Karte von Neuseeland und später auch von der Ostküste Australiens zeichnete.

Dromedare in Australien

So verließ im Juli 1860 eine Expedition unter der Leitung von Robert Burke Melbourne. Erstmals wurden dabei aus Indien eingeführte Dromedare wegen ihrer Wüstentauglichkeit eingesetzt. Am 11. Februar 1861 stießen Burke und zwei seiner Begleiter auf ein Gewässer, das in Richtung Ozean floß. Doch Mangrovensümpfe versperrten ihnen den Weg zum Meer. Der Rückweg wurde zum Drama. Nur ein Expeditionsteilnehmer überlebte und wurde bei einem Eingeborenenstamm aufgefunden. Bereits ein Jahrzehnt später gab es jedoch schon einen Telegraphen zwischen Adelaide an der Südküste und Darwin an der Nordküste.

1570 zeichnete Abraham Ortels diese Karte, die heute als die erste Weltkarte angesehen wird.

TYPVS ORBIS TERRARVM

QVID EI POTEST VIDERI MAGNVM IN REBVS HVMANIS, CVI AETERNITAS OMNIS TOTIVSQVE MVNDI NOTA SIT MAGNITVDO. CICERO

Missionen und Expeditionen

Dank der Expeditionen der Forscher entwickelte sich im 17. Jahrhundert die moderne Geographie. 1696 zeichnete der französische Kartograph und Astronom Giovanni Cassini eine Weltkarte, die die Lage zahlreicher Orte schon ziemlich genau angab. Das war der Beginn der wissenschaftlichen Kartographie.

Im Zuge seiner drei Reisen durchquerte auch Cook diesen Ozean von Neuseeland bis zu den Fidschi-Inseln und Hawaii. 1769 landete er auf Tahiti, das zwei Jahre zuvor entdeckt worden war. Es gelang ihm, eine fast vollständige Karte des Pazifiks zu zeichnen, womit er beweisen konnte, daß es auf der südlichen Halbkugel keinen entsprechenden Kontinent zu Eurasien auf der nördlichen Halbkugel gibt.

Cook erforschte außerdem die Sandwich-Inseln (Hawaii), die Küsten Kanadas und Alaskas und fuhr durch die Beringstraße in das Nordpolarmeer. Bei der Rückkehr nach Hawaii wurde er bei einem Streit mit den Eingeborenen am 14. Februar 1779 getötet.

Kapitän Cook beschreibt in seinem Logbuch die Natur und die Lebensweise der Eingeborenen der neuen Länder. Er klärte die Menschen seiner Zeit über die Existenz des Brotbaumes und des Känguruhs auf, und er beschrieb die Maori, die Bevölkerung Neuseelands.

Die Suche nach dem vermuteten Kontinent Australien führte zur Entdeckung der Antarktis.

Die Forschungsreisen in dieser Zeit beschränkten sich nicht nur auf die Entdeckung der Länder. Es beteiligten sich auch immer mehr Wissenschaftler an den Expeditionen: Botaniker, Zoologen, Völkerkundler und Geographen führten ihre Forschungen durch – und auch Künstler bereisten die neu entdeckten Länder und hielten Landschaft, Tiere und Menschen in vielen Bildern fest, die in Europa oft ungläubig bestaunt wurden. Mit immer genaueren See- und Landkarten wurde interessierten Menschen das Reisen in die neuen Länder erleichtert. Zu dieser Zeit wurde auch ein Mittel gegen die bei langen Seereisen häufig auftretende Krankheit Skorbut gefunden: frisches Obst und Gemüse!

Zeichnungen der fremden Pflanzen und Tierwelt

Naturwissenschaftler bei der Arbeit

Erste Kontakte zwischen den Engländern und den Einheimischen

Bei den tibetischen Mönchen

„Ihr werdet von Zelt zu Zelt, von Stamm zu Stamm gehen, bis euch die Vorsehung den Ort erkennen läßt, an dem ihr bleiben sollt." So hatte der Abt zu den beiden Priestern Huc und Gabet gesprochen, als er ihnen auftrug, eine Missionsstation bei den Tataren zu gründen.

Tibetische Wegelagerer

Als Nomaden unter Nomaden

Gekleidet nach der Landessitte, durchwanderten sie die Steppen der Mongolei und schliefen im Zelt oder unter freiem Himmel. So kamen die Priester nach Tibet, wo sie eine Zeitlang in einem buddhistischen Kloster bleiben durften. Dort lernten sie die Landessprache und übersetzten religiöse Texte.

Die lange Karawane der tibetischen Gesandtschaft überquert einen verschneiten Paß.

Der Himalaja

Das höchste Gebirge der Erde ist das Himalajagebirge: Zehn seiner Gipfel sind über 8000 Meter hoch. Es erstreckt sich über 3200 Kilometer.

Der Dalai-Lama – religiöses Oberhaupt der Tibeter

Das Volk der Tibeter lebt im Hochland von Tibet im Himalajagebirge. Der Dalai Lama ist das weltliche und religiöse Oberhaupt der Tibeter. Bevor er vor der chinesischen Regierung nach Indien flüchten mußte, residierte er in der Palastburg Potala, die hoch im Himalaja, oberhalb Lhasa, der Hauptstadt Tibets, liegt.

Ein durchgehender Ton ergibt sich, wenn die Langtrompeten von zwei Mönchen so gespielt werden, daß sich Ende und Einsatz der Töne überlagern.

Der Potala, früher die Residenz des Dalai-Lama, oberhalb der Stadt Lhasa

Im September 1845 schlossen sich Huc und Gabet einer eindrucksvollen Karawane an: Es war die tibetische Gesandtschaft, die von Peking nach Lhasa zurückkehrte. Lang und mühselig war der Weg. Man durchwatete eiskalte Flüsse, überwand schneebedeckte Pässe. Pater Gabet saß festgebunden auf seinem Pferd, sonst wäre er vor Erschöpfung heruntergefallen. Am 29. Januar 1846 erblickten Huc und Gabet als eine der ersten Fremden die tibetische Stadt Lhasa.

Die Erforschung Sibiriens

Seit dem 16. Jahrhundert interessierten sich die Russen für die riesigen Gebiete östlich des Urals. Eine reiche Kaufmannsfamilie, die Stroganows, gab den ersten Anstoß zur Eroberung des Ostens. 1581 überwanden Maxim Stroganow und der Kosakenhauptmann Jermak Timofejewitsch den Ural und vertrieben die dort ansässigen Tataren. Damit war der Weg für die Erforschung Sibiriens frei.

In den folgenden Jahren drangen die Kosaken bis zum Pazifik vor. 1648 umsegelte der Kosake Semon Iwanowitsch Deschnjew die äußerste Landspitze Asiens und fuhr über die Beringstraße nach Amerika. Das geschah mehr als 70 Jahre vor ihrer offiziellen Entdeckung durch Vitus Bering, nach dem die Meerenge benannt wurde.

Goldsucher und Pelzhändler zogen nun in der Taiga, den riesigen sibirischen Wald- und Sumpfgebieten, umher. Es wurde Jagd auf Bären und Vielfraße (Raubmarder), auf Füchse und Zobel, Fischotter und Hermeline gemacht. An der Küste des Nordpolarmeeres fing man Walrosse wegen ihrer Hauer aus Elfenbein.

Sibirien ist ein Gebiet im nördlichen Asien, das an das Nordpolarmeer angrenzt. Im Winter ist es in Sibirien äußerst kalt (bis zu −70 °C).

Jakute Tschuktsche Itelmen (Kamtschadalen)

Der Bau der Transsibirischen Eisenbahn im 19. Jahrhundert vollendete die Erschließung Sibiriens, doch blieben weite Gebiete unberührt. Zwischen 1902 und 1907 erforschte Wladimir Arsenjew das Gebiet um den Ussurifluß. Nur mit der Unterstützung eines alten Goldenjägers (die Golden sind ein sibirisches Volk), konnte er seinen Auftrag erfolgreich beenden.

Kosaken
Die Kosaken waren tatarische Reiter, die Raub- und Plünderungszüge unternahmen. Sie drangen weit nach Sibirien vor und erschlossen das Land.

Die Taiga
Die riesigen Nadelwaldgebiete Sibiriens nennt man Taiga. In diesen das ganze Jahr über grünen Waldgebieten wachsen viele Fichten, Tannen und Lärchen, aber auch einige Laubbaumarten.

Ein Kosakentrupp verläßt die Taiga.

Indochina wird erforscht

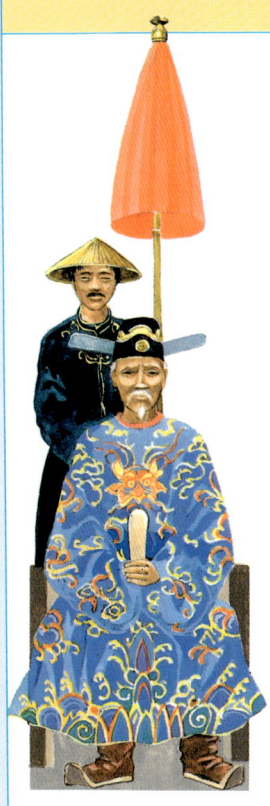

Ein Mandarin (hoher Beamter in China und Indochina)

Der Mekong ist der größte Fluß Indochinas.

Im Jahr 1866 wurde der Marineoffizier Doudart de Lagrée damit beauftragt, den Lauf dieses Flusses zu erforschen, der eine ideale Handelsverbindung zwischen China und der neuen französischen Kolonie Cochinchina zu werden versprach.

Die Expeditionsteilnehmer nahmen zunächst archäologische Studien in Angkor Vat, einer prachtvollen Tempelanlage der alten Khmerkultur, vor. Dann folgten sie in Einbäumen dem Lauf des Mekong. Hinter Vientiane kamen sie in eine Gegend, in der zuvor noch kein Europäer gewesen war. An der Grenze zu Birma wurde der Fluß unbefahrbar. Auf durchweichten Wegen gelangte der kleine Trupp in die chinesische Provinz Yünnan.

Dort starb der vom Fieber geschwächte Doudart de Lagrée. Nun führte Francis Garnier die Expedition weiter, den Jangtsekiang flußabwärts, und erreichte mit ihr wohlbehalten Schanghai. Nach seiner Heimkehr veröffentlichte er einen Bericht über seine abenteuerliche Forschungsreise.

Vom Regen überfluteter Weg in Laos

Der Weg führt durch ein Dorf in Laos.

Feuchtes Klima

Jedes Jahr im Sommer kommt es in Südostasien zu großen Überschwemmungen. Dies bewirkt der Monsun, eine in dieser Region auftretende Windströmung, die im Sommer vom Indischen Ozean feuchte Luftmassen mit sich führt. Es kommt zu starken Niederschlägen, die die Flüsse über die Ufer treten lassen. Obwohl dies immer wieder zu Überschwemmungskatastrophen führt, sind die monsunalen Niederschläge für Südostasien generell eine sehr günstige Naturerscheinung. Die überschwemmten Gebiete sind nämlich besonders fruchtbar und daher für die Landwirtschaft von großer Bedeutung. Der Mekong ist von den jährlichen Überschwemmungen ebenso betroffen wie der Jangtsekiang, der mit seinen 6300 Kilometern der längste Fluß Asiens ist.

Weite Gebiete Asiens waren lange Zeit unerforscht

Asien war ein faszinierender Kontinent für die Forscher. Sie versuchten schon lange Zeit, in das Innere dieses Kontinents vorzudringen. Ende des 16. Jahrhunderts errichteten portugiesische Jesuiten in China erste Missionsstationen. Der berühmteste Jesuit in China war der italienische Missionar Matteo Ricci, ein außerordentlich gebildeter Mann, der eine vollständige Weltkarte erstellte, wobei das Zentrum der Karte nicht mehr Europa und Afrika, sondern Asien war. 1624 erreichten die Missionare eine besonders schwer zugängliche Region: Tibet.

Ein chinesischer Soldat um 1850

Auch russische Expeditionen erforschten Zentralasien. Später kamen die Engländer in die Königreiche Sikkim und Bhutan (Himalaja).

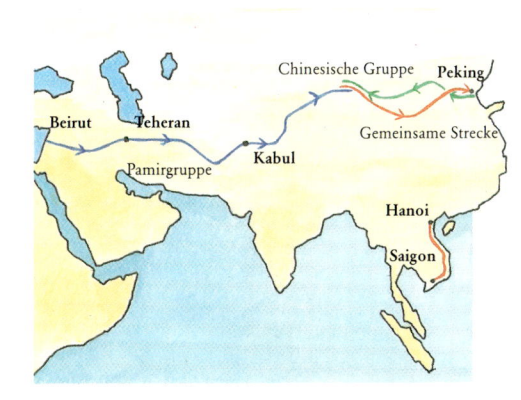

Der Weg der „Gelben Kreuzfahrt"

Das Unternehmen „Gelbe Kreuzfahrt" hatte zum Ziel, die riesige Strecke Beirut – Peking per Auto zurückzulegen und die alten Karawanenwege der Seidenstaße wissenschaftlich zu erforschen. Eine chinesische Gruppe unter Victor Point brach von Peking aus auf. Sie durchquerte die Wüste Gobi, wo sie von Sandstürmen und Reifenpannen heimgesucht wurde.

Eine andere Gruppe unter Charles Marie Haardt wagte sich von Beirut aus auf schwindelerregende, bis zu 4 000 Meter hoch gelegene Pfade, auf denen kaum ein Pferd gehen konnte. Der verabredete Treffpunkt war Kashgar in der chinesischen Provinz Sinkiang; doch nur ein Teil der chinesischen Gruppe kam dort an. Nach all den Strapazen mußte auch der über 6 000 Kilometer lange Rückweg durch verschneite Steppen bis nach Peking wieder bewältigt werden.

„Dach der Welt" nannten die Entdeckungsreisenden das Hochland von Pamir, wo Hindukusch und Himalaja zusammentreffen.

Vom Regen weggespülte oder zugeschneite Straßen, ungesicherte Brücken über Abgründen: Kein Hindernis konnte die wagemutigen Autofahrer der „Gelben Kreuzfahrt" von ihrem Ziel abbringen.

Der Schwarze Kontinent

Zu Beginn des 19. Jahrhunderts war Timbuktu die geheimnisumwobene Hauptstadt eines alten afrikanischen Königreichs, dessen legendärer Reichtum gerühmt wurde. Europäer hatten zu dem muslimischen Heiligtum keinen Zutritt. Der Engländer Gordon Laing, dem es am 18. April 1826 gelungen war, die „verbotene Stadt" zu betreten, wurde brutal ermordet. Nun setzte es sich der Franzose René Caillié in den Kopf, dorthin zu gelangen – koste es, was es wolle.

Sklavenhandel zwischen Dorfältesten und Arabern in Schwarzafrika

Ein Tuaregkrieger in voller Ausrüstung

Doch seine Vorstellungen von Größe und Reichtum der Stadt entsprachen nicht der Wirklichkeit: Caillié fand nur eine Ansammlung schmutziger Lehmhäuser. Mit einer Karawane der Tuareg, einem Nomadenvolk Nordafrikas, gelangte er mehr tot als lebendig nach Tanger zu seinem Konsulat. Von dort aus wurde er wieder nach Hause geschickt.

Die Tuareg

Das afrikanische Nomadenvolk der Tuareg lebt in den Randgebieten der Wüste Sahara. Die Tuareg sind stolze Krieger. Typisch ist ihr Baumwollschleier, den sie um Kopf und Gesicht wickeln, so daß nur die Augen frei bleiben. Er dient ihnen als Schutz vor Staub und Hitze. Bei den Tuareg gilt das Mutterrecht: Die Frau ist das Oberhaupt der Familie und gibt ihr Erbe an die jüngste Tochter weiter.

Audienz beim Sultan von Bornu

Als Araber verkleidet

Im senegalesischen Saint-Louis lernte Caillié Arabisch. Dann unternahm er unter schlimmsten Strapazen eine erste Erkundungsreise. Im April 1827 schloß er sich, als Araber verkleidet, einer Karawane an, die zum Niger wollte. Beraubt, geschunden, zum Bettler gemacht und an Skorbut erkrankt, erreichte Caillié schließlich am 20. April 1828 Timbuktu.

Bei den Sklavenjägern

Für die Europäer war Afrika lange Zeit ein unbekannter Kontinent: sumpfige Urwälder, wasserlose Wüsten, gefährliche Eingeborene und wilde Tiere schreckten sie ab. Nordafrika war seit etwa 700 Jahren in der Hand der Moslems, die keine Christen einreisen ließen. Am 24. März 1850 verließ eine kleine Karawane die nordafrikanische Stadt Tripolis in Richtung Wüste. Die von James Richardson angeführte Expedition hatte den Auftrag, die Sahara und den Sudan zu erforschen. Ein junger Gelehrter, Heinrich Barth, nahm als Wissenschaftler daran teil. Er sprach Arabisch und war ein guter Islam-Kenner. Das war sehr nützlich in einer Gegend, zu der Christen keinen Zutritt hatten.

Am Ufer des Niger

Die Holländer hatten 1652 am Kap der Guten Hoffnung eine Kolonie gegründet. Aus dem Landesinneren holten sie ihren „Nachschub" an Sklaven. Diese wurden von ihren Stammesfürsten entweder gegen europäische Waren eingetauscht oder aber verkauft. Die Sklaven wurden in Ketten gelegt und zu den Zuckerrohr- und Baumwollplantagen in Nordamerika gebracht. 1807 verbot England den Sklavenhandel endgültig und machte Jagd auf Sklavenhändler.

Im 18. Jahrhundert erwachte allmählich das wissenschaftliche Interesse am Schwarzen Kontinent Afrika: Forscher beschäftigten sich mit der Frage, wo die Quellen des Nils lagen oder wo die Flüsse Kongo und Sambesi entsprangen. Ebenso waren sie am Verlauf des Flusses Niger interessiert, dessen Quelle und Mündung unbekannt waren.
Der Schotte Mungo Park machte sich 1795 im Auftrag der Londoner „Afrikagesellschaft" auf, um den Verlauf des Nigers zu erforschen. Er entdeckte den Oberlauf des Nigers, kam bei einer weiteren Expedition aber ums Leben.

Holzfällen in Afrika

Handelsposten an einem Fluß in Äquatorialafrika

Bei den Sklavenjägern

Die Moslems trieben außer mit Gold und Elfenbein auch mit schwarzen Sklaven Handel. Obwohl Barth gegen die Sklaverei war, errang er durch ein höfliches und gebildetes Auftreten die Gunst mancher Fürsten. Dies rettete ihm mehrmals das Leben. Barth besuchte Agadès, das Bornu-Reich südwestlich des Tschadsees und schließlich auch Timbuktu. Dort blieb er sieben Monate lang. Durch Gebiete, die von Kriegen und Plünderungen verwüstet waren, kehrte er nach Tripolis zurück, wo er am 28. August 1855 ankam. Sein Reisetagebuch ist von unschätzbarem Wert.

Im Herzen Afrikas

Mitte des 19. Jahrhunderts war der größte Teil Afrikas noch ziemlich unbekannt. Im Jahr 1840 setzte der Missionar und Arzt David Livingstone zum ersten Mal seinen Fuß auf afrikanischen Boden. Von nun an verbrachte er sein Leben damit, diesen riesigen Kontinent zu bereisen, dessen innere Gebiete noch ein weißer Fleck auf der Landkarte waren. Die Durchquerung der Kalahari-Wüste 1845 und des südlichen Afrikas 1852 waren seine ersten bedeutenden Forschungsreisen.

Der Forscherdrang ließ Livingstone nicht ruhen, und so machte er sich auch auf die große Reise von der Westküste zum Osten Afrikas. Er stieß auf die Wasserfälle des Sambesi, die er Victoriafälle nannte, und entdeckte mehrere zentralafrikanische Seen. Livingstones Ansehen wuchs so sehr, daß er bald eine Expedition finanzieren konnte (1858–1864), die sich gegen den Sklavenhandel richtete und in deren Verlauf er den Njassasee entdeckte. Mit seiner Hilfe wurde auch die Quelle des Kongo gefunden.

Eine Gnuherde. Wie alle Entdecker war Livingstone fasziniert vom Artenreichtum der afrikanischen Tierwelt.

1866 führte Livingstone eine weitere Reise nach Tanganjika, wo er die Nilquellen zu finden hoffte. Auf dieser Reise wurde er jedoch vom Fieber befallen und zog sich, völlig erschöpft und ausgemergelt, in ein abgelegenes Dorf zurück.

Historische Begegnung mit Stanley

Während Livingstone in Europa als verschollen galt, machte sich der amerikanische Reporter Stanley auf die Suche nach ihm. Er fand ihn schließlich, schwer krank, am 30. Oktober 1871 in Ujiji am Tanganjikasee.

Die Victoriafälle

Im Einbaum auf einem See muß man sich vor Nilpferden in acht nehmen.

Henry Morton Stanley findet in Afrika Dr. David Livingstone:
„Dr. Livingstone, wie ich vermute?"
„Ja…"
„Ich danke Gott, Herr Doktor, daß es mir gestattet ist, Sie zu sehen."

Wilde Fahrt auf dem Kongo

Als Henry Morton Stanley am 21. März 1871 aufbrach, um Livingstone zu suchen, war er als reisender Journalist schon sehr bekannt. Das war auch der Grund, warum die Tageszeitung „New York Herald Tribune" ihm diesen aufsehenerregenden Auftrag gab und ihn großzügig finanzierte.

Gefährliche Fahrt auf dem Kongo

Mit Zustimmung seiner Zeitung beschloß Stanley, seine Forschungsreise in Äquatorialafrika fortzusetzen. So kam er zum Albert-, Victoria- und Tanganjikasee. Über dessen Abfluß, den Lukuga, erreichte er einen mächtigen Strom. Diesen fuhr er – von zahlreichen Afrikanern begleitet – im Einbaum hinunter. Gewitter, Stromschnellen und Angriffe von Kannibalen mußte die Gruppe überstehen, bevor sie am 12. August 1877 an die Mündung des Stroms in den Atlantik gelangten. Der gewaltige Strom war der Kongo.

Einer der vielen Wasserfälle, die auf der Expedition überwunden werden mußten

Die Erschließung des amerikanischen Kontinents

Im 18. Jahrhundert lockte nicht mehr Gewinnsucht, sondern wissenschaftliche Neugier die Gelehrten bis ans Ende der Welt. So organisierte die Akademie der Wissenschaften in Paris zwei Expeditionen, die feststellen sollten, ob der Erdglobus an den Polen abgeflacht ist. Im Mai 1735 schifften sie sich nach Peru ein, um die Länge eines Meridiangrades zu messen. La Condamine, ein Mathematiker, Physiker und Arzt, war einer von ihnen. In Quito angekommen, machten sie sich an die Arbeit: Fast sieben Jahre verbrachten sie mit Messen und Beobachten. Die andere Gruppe reiste nach Lappland, um dort die gleichen Messungen vorzunehmen.

Im Labyrinth von Amazonien

1743 kehrten die Expeditionsmitglieder auf verschiedenen Wegen wieder zurück. La Condamine, der bereits mehrere Vulkane in den Anden bestiegen hatte, nahm sich vor, den Amazonas hinunterzufahren, um eine Karte seines Wassernetzes anfertigen zu können. Auf dieser gefährlichen Flußfahrt entdeckte er, daß die beiden großen Becken des Amazonas und des Orinoco durch ein Labyrinth von Nebenflüssen miteinander verbunden sind. Nach einer zweimonatigen Reise durch die „grüne Hölle" erreichte er am 27. September gesund und zufrieden Guayana.

Humboldt und Bonpland sammelten Pflanzen in Mexiko.

2250 Kilometer in einem engen Einbaum

Am 16. Juli 1800 gingen Alexander von Humboldt und sein Freund Aimé Bonpland im venezolanischen Cumaná an Land. Für diese beiden jungen Wissenschaftler begann hier ein Abenteuer, das sie über den Amazonas-Urwald nach Kuba und von Cartagena über die Vulkane Perus bis zu den Ruinen der Aztekenkultur in Mexiko führen sollte.

Wieder in Paris, schrieb La Condamine einen Artikel über den Kautschuk (1751).

Unerschrockene Gelehrte

In einem Einbaum fuhren sie den Orinoco hinunter und wären mehrmals fast ertrunken. Trotz der feuchten Hitze im Regenwald, der Moskitos und der umherschleichenden Raubtiere führten sie ihre Beobachtungen und Messungen durch.
In Peru hangelten sie sich auf halsbrecherischen Hängebrücken über schwindelerregende Abgründe, überquerten feuchte Gebirgspässe und trotzten den Belastungen des Höhenklimas. Humboldt wurde sogar zum geübten Bergsteiger, denn er wollte die Krater der Vulkane aus der Nähe untersuchen, zum Beispiel den 5 897 Meter hohen Cotopaxi.

Nach seiner Heimkehr erwarb sich Humboldt die Hochachtung aller europäischen Wissenschaftler. Er veröffentlichte viele Werke, darunter auch ein Buch über Amerika, in dem zum ersten Mal sämtliche vorliegenden Erkenntnisse über einen ganzen Kontinent zusammengetragen waren.

Der Naturforscher Charles Darwin

Nachdem Amerika von den italienischen Seefahrern Christoph Kolumbus, Giovanni Caboto und Amerigo Vespucci entdeckt worden war, zog sich die Erforschung des Kontinents bis ins 19. Jahrhundert hin. Die spanischen und portugiesischen Forscher konzentrierten sich mehr auf Süd- und Mittelamerika. Eine Ausnahme war die Entdeckung des Grand Canyon in Colorado im Jahr 1540. Die spanische Expedition unter Coronado war auf der Suche nach einem neuen „Eldorado", einem Land voll von Gold, gewesen.

Am 27. Dezember 1831 stach der britische Zweimaster „Beagle" zu einer Forschungsreise rund um die Welt in See. An Bord war der 22jährige Naturforscher Charles Darwin.

Im Regenwald

Darwin lebte einige Zeit bei den Gauchos.

Bei den Gauchos

In Amerika reiste er oft sehr weit ins Landesinnere, in den Urwald am Äquator oder in die argentinische Pampa, wo er einige Zeit bei den Gauchos lebte. Er interessierte sich für alles. In Patagonien fand er Fossilien, die ihn weit in die Vergangenheit führten. In den Anden entdeckte er versteinerte Wälder und fand in Höhen von über 4000 Meter Muschelschichten, deren Entstehung er sich nur durch riesige Bewegungen der Erdkruste erklären konnte.

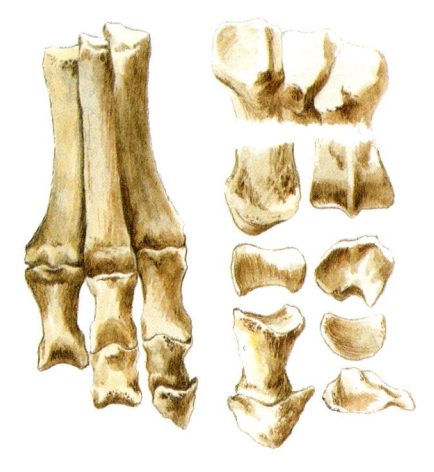

Diese Knochen entdeckte Darwin in Punta Alta.

Der Naturforscher Charles Darwin

Charles Darwin (1809–1882) wurde durch seine Selektionstheorie berühmt: Er vertrat als erster Naturwissenschaftler die Vorstellung der gemeinsamen Abstammung und allmählichen Veränderung der Arten, wobei die an ihre Umwelt am besten angepaßten Individuen die meisten Nachkommen hervorbringen.

Eine Meerechse von den Galapagos-Inseln

Entdeckungsfahrten zum Nordpol

Die ersten Seefahrer, die aufgebrochen waren, um Asien zu entdecken, hatten die Routen im Süden gewählt. Henry Hudson und William Baffin jedoch versuchten, eine Passage über den Nordwesten (entlang der Küsten Kanadas und Alaskas) zu finden. Wieder andere forschten nach einem Weg im Nordosten (nördlich der Küsten Sibiriens).

Zar Peter der Große schickte den Dänen Vitus Bering in den Pazifik, um die Halbinsel Kamtschatka zu erkunden. Bei dieser Gelegenheit entdeckte dieser im Jahr 1728 die Meerenge zwischen Alaska und Rußland, die heute seinen Namen trägt: Beringstraße. Sie verbindet den Pazifik mit der Arktis.

Peary, wie ein Eskimo gekleidet

Im 19. Jahrhundert jedoch begannen die ersten Entdeckungsfahrten zum Nordpol. Die vergebliche Suche nach dem Polarforscher John Franklin, der zwischen 1845 und 1848 im ewigen Eis verschwunden war, lenkte die Aufmerksamkeit auf diese riesige Eiswüste. Man wußte noch nicht, ob es Festland oder schwimmendes Eis war.

Auch Fridtjof Nansen, ein junger Norweger, machte sich zum Nordpol auf. Er hatte sich neun Jahre lang auf diese Expedition vorbereitet. Mit seinem Schiff „Fram", das er extra so hatte anfertigen lassen, daß es Eismassen widerstehen konnte, ließ er sich vom Packeis treiben. Im April 1895 geriet er in die Nähe des Pols, kam aber nur bis Spitzbergen.

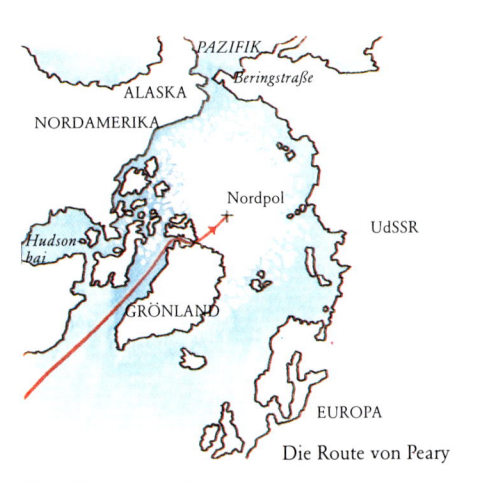

Die Route von Peary

Der erste, der den Nordpol erreichte, war der amerikanische Marineoffizier Robert Peary. Er kam dort am 6. April 1909 an, begleitet von seinem schwarzen Diener und vier Eskimo.

Richard Byrd und Floyd Bennett überflogen den Pol im Jahr 1926 mit dem Flugzeug. Mit seinem Luftschiff überquerte der Italiener Nobile den Nordpol im selben Jahr.

Schlittenhunde waren für den Polarforscher unverzichtbar.

Tod im antarktischen Eis

Im 18. Jahrhundert war Kapitän Cook der bedeutendste Forscher der südlichen Erdhalbkugel. Er drang aber nicht bis zur Antarktis vor. Als James Cook 1773 den südlichen Polarkreis überschritten hatte, glaubte er, die Zufahrt zum antarktischen Festland sei durch Eismassen versperrt. Zu Beginn des 19. Jahrhunderts gelangten Robbenfänger an die Küste des antarktischen Eises. Kurz darauf folgten ihnen die ersten wissenschaftlichen Expeditionen. Am wichtigsten waren die Forschungsreisen der Engländer James Weddell (1823) und James Clark Ross (1895). Das antarktische Festland wurde aber erst 1895 von norwegischen Walfängern betreten.

Beim Wettlauf zum Südpol beging Scott den Fehler, Ponys statt Schlittenhunde einzuspannen.

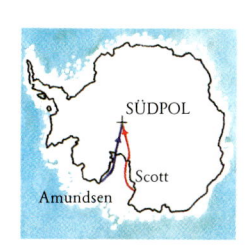

Die Routen von Scott und Amundsen

Im Jahre 1838 wurde eine Expedition zur Antarktis berühmt: die des Franzosen Dumont d'Urville, der von Feuerland aus losgefahren war. Er wurde mit seinen zwei Schiffen im Eis festgehalten. Es gelang ihm jedoch, sich zu befreien. Am 19. Januar 1839 entdeckte er das Adélieland, einen Küstenstreifen der Antarktis.

Am 16. Januar entdeckten Scott und seine Gefährten das von Amundsen zurückgelassene Zelt.

Zu Beginn des 20. Jahrhunderts hatte die Entdeckung des Südpols durch das Wettrennen zwischen dem Engländer Robert Scott und dem Norweger Roald Amundsen ihren dramatischen Anfang genommen. Amundsen zog am 11. Oktober 1911 mit vier Männern, einigen leichten Schlitten und 52 Hunden vom Ross-Packeis aus los. Er erreichte den Pol am 14. Dezember, nach einer Reise von 3000 Kilometern.

Scott zog mit Ponys los, die im Schnee schnell erschöpft waren und getötet werden mußten. Nun zogen die Männer selbst die schweren Schlitten über schwieriges und teils gebirgiges Land. Einen Monat später erreichte auch Scott das Ziel, jedoch über eine andere Route. Dort mußte er feststellen, daß ihm der Norweger zuvorgekommen war. Das Schlimmste sollte aber noch kommen. Entsetzliche Stürme und die extreme Kälte bedrohten die Expedition. Keiner der Männer kam lebend zurück. Ein Teil der Männer verhungerte im Schneesturm – nur zehn Kilometer von ihrem Lebensmitteldepot entfernt.

Nachdem die Ponys aufgrund der Kälte verendet waren, mußten die Männer ihre Schlitten selber ziehen.

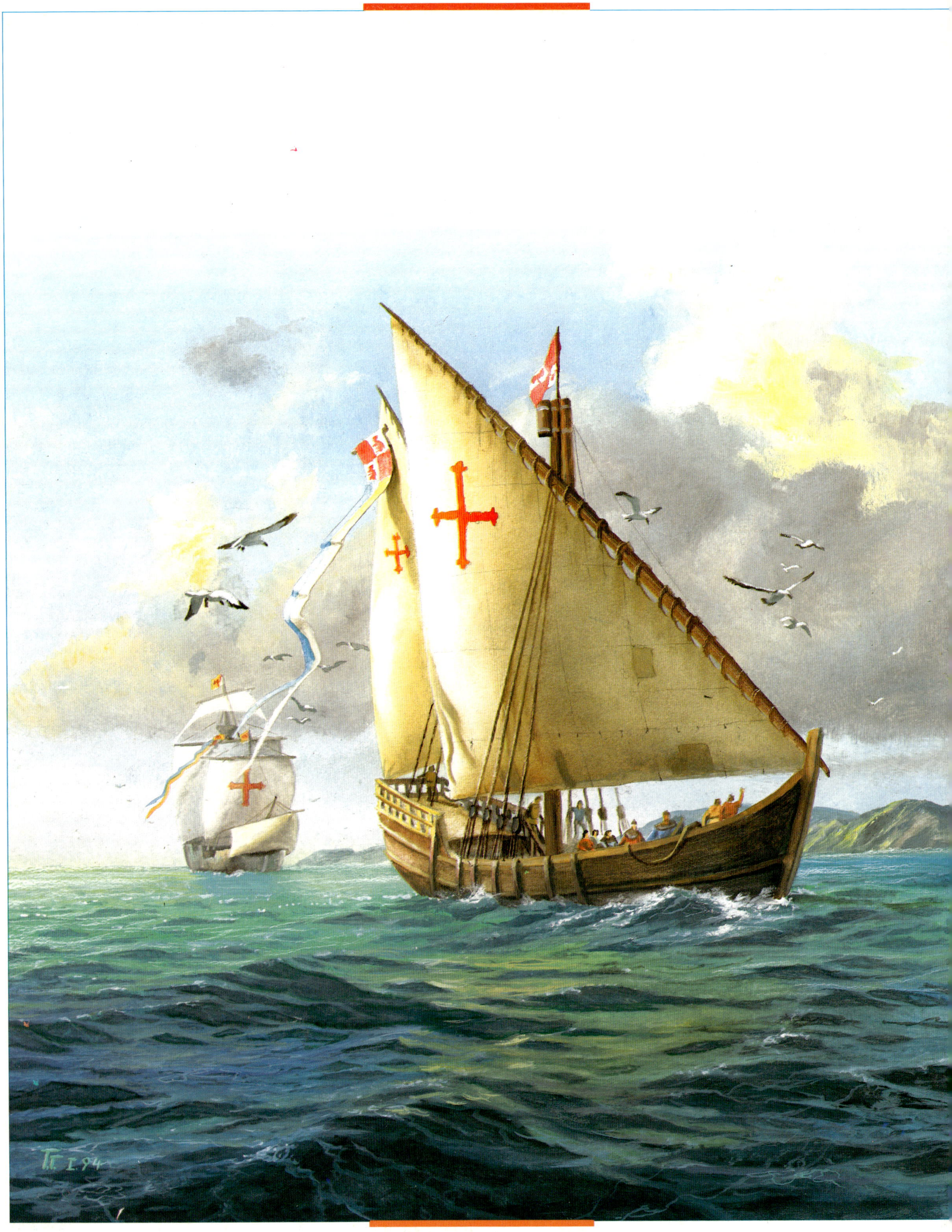

Erstaunliches,
Informationen, ein Quiz,
ein Gedicht, ein kleines
Wörterbuch…

Lies mal weiter!

Die ersten Forschungsreisenden

Herodot (ca. 485–425 v. Chr.)
Bereiste weite Teile der Welt und hinterließ lebendige Beschreibungen seiner Reisen.

Hsüan-Tsang (um 600–664)
Buddhistischer Mönch aus China. Reiste nach Indien und kehrte mit vielen heiligen Texten zurück.

Wilhelm von Rubruk (ca. 1220–1293)
Flämischer Missionar. Gesandter beim Großkhan. Kam bis in die Mongolei.

Marco Polo (1254–1324)
Kaufmann aus Venedig, reiste nach China (1271–1295) und schrieb darüber einen Reisebericht „Von Venedig bis China".

Ibn Battuta (1304–1377)
Bereiste große Teile Vorder- und Zentralasiens, Indiens, Chinas, Sumatras, Nord- und Ostafrikas.

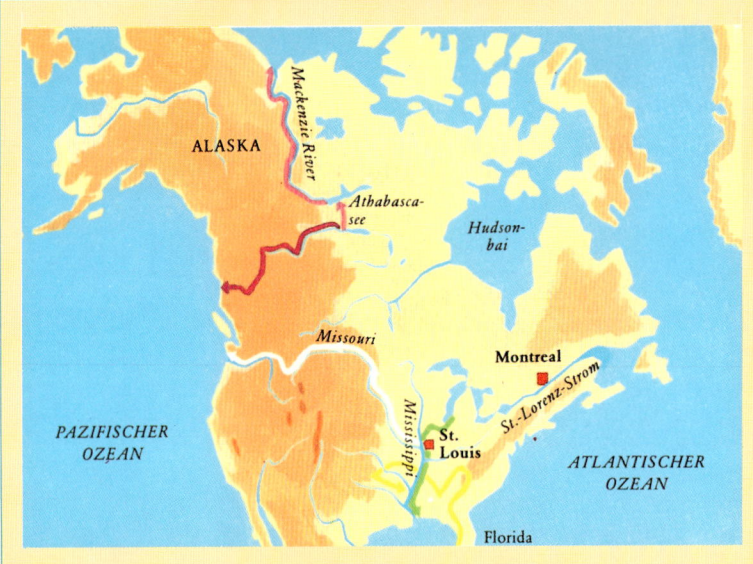

Gelb: Hernando de Soto   Grün: Robert Cavelier de La Salle
Lila und Rosa: Alexander Mackenzie
Weiß: Meriwether Lewis und William Clark

Nordamerika

Hernando Cortés (1485–1547)
Eroberer Mexikos und des Aztekenreichs (1519–1521).

Hernando de Soto (1486–1542)
Leitete eine Expedition von Florida zum Mississippi (1539–1542) und starb auf dem Rückweg.

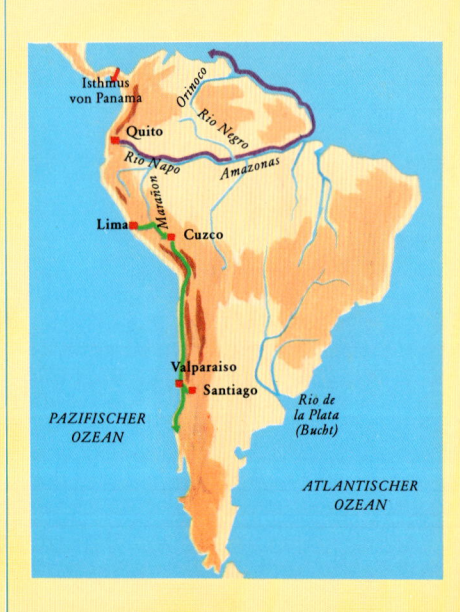

Violett: Francisco de Orellana
Rot: Vasco Nuñez de Balboa
Grün: Pedro de Valdivia

Südamerika

Francesco de Orellana (ca. 1511–1546)
Gefährte Gonzalo Pizarros auf einer Expedition. Fuhr als erster den Amazonas hinunter (1541).

Pedro de Valdivia (1500–1553)
Nahm an der Eroberung Perus teil, entdeckte und eroberte Chile (1541–1553).

Australien

Edward John Eyre (1815–1901)
Erste Ost-West-Durchquerung Australiens (1841).

Robert O'Hara (1820–1861)
Durchquerte als erster Australien von Süden nach Norden (1861/62).

John McDouall Stuart (1815–1866)
Reiste quer durch Australien.

Orange: Charles Stuart
Blau: Robert O'Hara

Die Pole

Sir John Franklin (1786–1847)
Erforschte Nordkanada. Starb mit seiner Mannschaft auf der Suche nach der Nordwestpassage.

Fridtjof Nansen (1861–1930)
Ließ sich an Bord der Fram im Packeis in die Nähe des Nordpols driften (April 1895).

Roald Amundsen (1872–1928)
Erste vollständige Durchquerung der Nordwestpassage an Bord der Gjöa (1903–1905). Gewann den Wettlauf zum Südpol (14.12.1911).

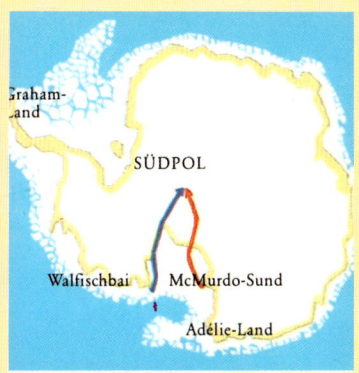

Blau: Roald Amundsen
Rot: Robert Falcon Scott

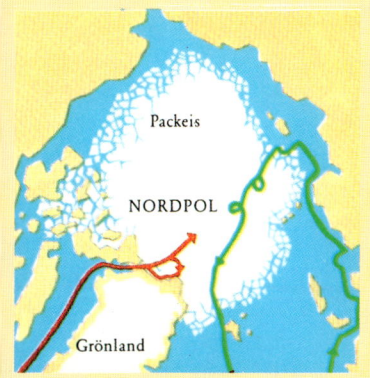

Grün: Fridtjof Nansen
Rot: Robert Edwin Peary

Robert Edwin Peary (1856–1920)
Führte eine Schlittenexpedition an und bewies, daß Grönland eine Insel ist.

Robert Falcon Scott (1868–1912)
Unternahm mehrere Schlittenexpeditionen auf dem antarktischen Kontinent. Erreichte den Südpol am 18. 1. 1912 und starb auf dem Rückweg.

Afrika

Mungo Park (1771–1806)
Entdeckte und erforschte als erster Europäer den Niger (1795).

Heinrich Barth (1821–1865)
Erforschte und kartierte große Teile Nordafrikas.

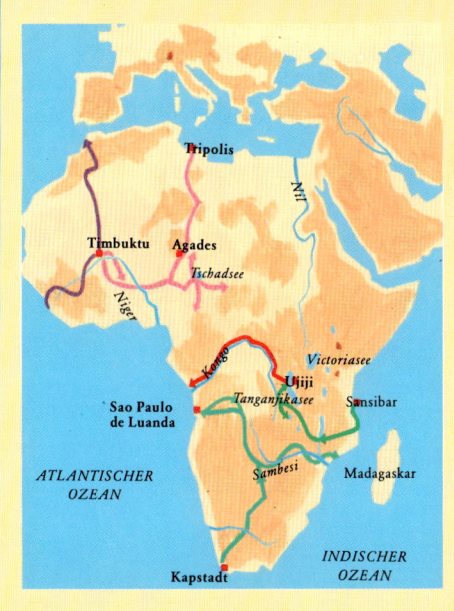

Lila: René Caillié
Rosa: Heinrich Barth
Grün: David Livingstone
Rot: Henry Morton Stanley

David Livingstone (1813 – 1873)
Zahlreiche Entdeckungsreisen auf dem afrikanischen Kontinent (1840–1873).

Henry Morton Stanley (1841–1904)
Eigentlich Journalist, erforschte und eroberte große Teile des tropischen Afrikas. Mitbegründer von Belgisch-Kongo (Zaire).

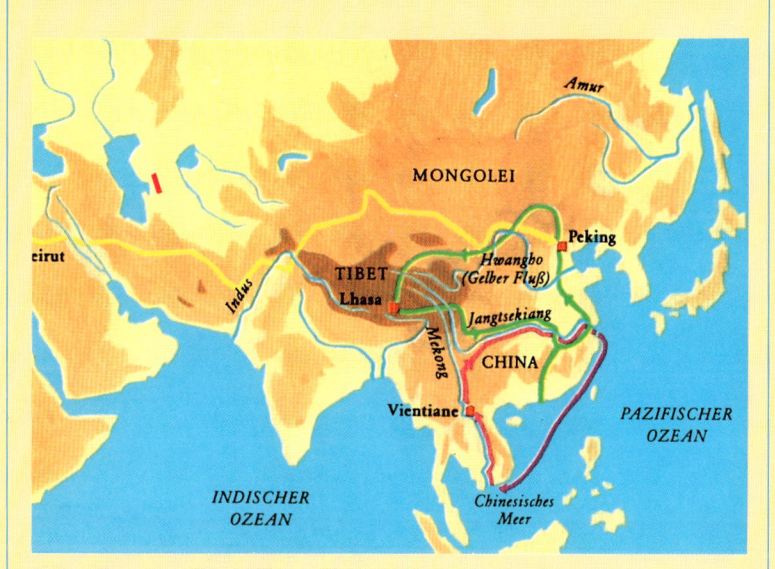

Grün: Evariste Regis Huc   Violett: Francis Garnier
Gelb: Charles Marie Haardt

Asien

Nikolai Michajlowitsch Prschwealskij (1839–1888)
Erforschte das Ussuri-Gebiet (1867–1869), danach in vier Expeditionen Zentralasien.

Alexander von Humboldt (1769–1859)
Unternahm verschiedene Forschungsreisen zusammen mit Aimé Bonpland (1799–1804). Expedition auch nach Innerasien (1829).

Schon gewußt?

Herodot von Halikarnassos hat ein neunbändiges Werk hinterlassen, wovon jeder Band einer der griechischen Göttinnen der Künste gewidmet war.

Das Bauholz der Phönizier war die berühmte Libanon-Zeder. Sie verkauften es für viel Geld in verschiedene Länder, unter anderem auch nach Ägypten. Dort wurden daraus Schiffe für die Expeditionen auf dem Nil gebaut.

Die Araber waren nicht nur gute Händler, sondern auch die besten Mathematiker, Ärzte und Astronomen ihrer Zeit. Sie reisten viel zwischen dem Orient und dem Abendland und brachten Errungenschaften aus Asien nach Europa.

Die Schiffswerften in Amsterdam waren die leistungsstärksten in Europa. Man setzte Sägen ein, die von Windmühlen betrieben wurden.

Kaufleute und Händler

Fast gleichzeitig mit den technischen Neuerungen des 13. Jahrhunderts entwickelte sich der Handel. Die Tuchindustrie hatte einen enormen Aufschwung, denn der Bedarf an Stoffen nahm ständig zu. Für die zahlreichen Waren, die hergestellt wurden, suchte man neue Märkte.

Ein fähiger und sachkundiger Mann

Händler waren bald nicht mehr Hausierer, die mit ihren Mauleseln herumzogen. Ein Kaufmann war ein gebildeter Mann mit soliden Kenntnissen in Buchhaltung und Recht. Er hatte eine Lehrzeit in einer Handelsniederlassung abgeschlossen, in der er alle Geschäftsvorgänge und auch fremde Sprachen gelernt hatte.

Er kannte die Qualität und den Preis der Waren und hatte gelernt, das Risiko so klein wie möglich zu halten, indem er sich mit anderen Kaufleuten zusammenschloß. Er war also ein Mann von Welt, der es verstand, Beziehungen zu knüpfen und sich ein Netz von Informanten zunutze zu machen.

Politische Macht der Kaufleute

Die Macht der Kaufleute veränderte die mittelalterliche Welt: Die Städte befreiten sich von der Bevormundung durch die Herrschenden, der Sinn für Bequemlichkeit und Luxus weckte neue Bedürfnisse. Kaufmannsdynastien standen auf der gleichen Stufe wie Könige und Kirchenfürsten.

So besaßen die Fugger in Deutschland Ende des 15. Jahrhunderts das Monopol der Silber- und Kupferminen in Mitteleuropa; als Herren über ein riesiges Handelsreich finanzierten sie die Wahl Karls V. zum Kaiser.

Mit Hilfe Kaiser Karls V. konnte die Fuggersche Handelsgesellschaft ihren Handel bis nach Buenos Aires, Westindien und Mexiko ausdehnen und auf diese Weise Weltgeltung erlangen.

Kleine Geschichte des Handels

Ab 1100 v. Chr. Die Phönizier beherrschen den Mittelmeerhandel.

Ab 247 v. Chr. Die Parther kontrollieren den Handel auf den Karawanenstraßen

1. Jh. v. Chr. – 2. Jh. n. Chr. Blütezeit des Römischen Reiches. Die „Pax Romana" begünstigt den Handel.

330 Byzantion wird in Konstantinopel umbenannt und neue Hauptstadt des Römischen Reiches

618–750 Glanzzeit der Städte entlang der Seidenstraße unter der mächtigen chinesischen Tangdynastie

Ab 800 Schwedische Wikinger (Waräger) bilden als kriegerische Kaufleute Herrschaftsgebiete in Rußland.

Um das Jahr 1000 Gebrauch der mathematischen Zahl Null

10. und 11. Jh. Herrschaft der arabischen Kaufleute; Gewürzhandel und Entwicklung der großen afrikanischen Reiche

12. Jh. Die großen Champagne-Messen (Frankreich) sind Treffpunkt der Kaufleute Europas. Die Italiener vervollkommnen das Bankwesen.

Um 1250 Gründung der Hanse

1271–1295 Marco Polo reist nach China.

1300 Erste „Handelsgesellschaften" in der Toskana

1370 Hochblüte der Hanse

1460 Erste internationale Börse in Antwerpen

1511 Die Portugiesen kontrollieren die Gewürzstraße.

1543 Organisierter Goldtransport durch die spanische Flotte

1545 Entdeckung der Silberminen von Potosi (Bolivien)

1609 Gründung der Bank von Amsterdam

1615 Europa entdeckt den Gebrauch von Tabak

1639 Errichtung einer englischen Handelsniederlassung in Madras (Indien)

1640 Aufschwung des Sklavenhandels

1688 Gründung der Lloyd's Versicherungsgesellschaft

1776 Unabhängigkeitserklärung der 13 amerikanischen Kolonien, die sich gegen das englische Handelsmonopol aufgelehnt hatten.

1815 Abschaffung der Sklaverei in Europa

1816 In England werden die ersten Eisenbahnen eingesetzt. Bald verlagert sich der Gütertransport auf die Schiene.

Quiz

1. Wer gilt als Begründer der Geschichtsschreibung?
a) Die Phönizier
b) Herodot
c) Marco Polo

2. Seide kommt aus…
a) Indien
b) Spanien
c) China

3. Dschingis-Khan war der Herrscher der…
a) Mongolen
b) Portugiesen
c) Indianer

4. Das sagenhafte Land Eldorado lag in…
a) Skandinavien
b) England
c) Südamerika

5. Piraten waren…
a) staatlich anerkannte Seefahrer
b) Händler
c) Seeräuber

6. Welche Waren brachten die Kaufleute aus dem Orient mit?
a) Haustiere
b) Gewürze
c) Werkzeug

Lösungen: 1.b – 2.c – 3.a – 4.c – 5.c – 6.b

Handelswege der Hanse

Die Hanse

Im 12. Jahrhundert, als in Nordeuropa die Zahl der Städte explosionsartig anwuchs, begannen die Kaufleute an Nord- und Ostsee, sich zu organisieren. So entstand der Hansebund – zuerst nur ein Bund der Kaufleute, später dann der Städte Norddeutschlands. Der erste Hansetag (Versammlung) dieser mächtigen Gemeinschaft wurde 1356 in Lübeck abgehalten.

Ein Netz von Handelsniederlassungen

Die Hanse unterhielt bald wichtige Zweiggeschäfte in London, Brügge, Bergen, Riga und Nowgorod. Diese Geschäfte wurden von Senatoren (Senat = Ältestenrat) geführt. Junge Kaufleute machten dort eine harte zehnjährige Lehrzeit durch.

Die Hanse gewinnt Einfluß und Macht

Mit ihren schweren Frachtschiffen belieferten die Hanseaten Europa mit Honig, Wachs und Pelzen aus Rußland, Holz aus Skandinavien, Getreide aus Preußen und Polen, Zinn aus Cornwall, Wein aus der Gascogne, Salz aus der Bretagne, englischen und flämischen Stoffen und all jenen Waren des Orients, die es in Antwerpen oder Brügge zu kaufen gab. In ihrer Blütezeit im 15. Jahrhundert gehörten mehr als 150 Städte zur Hanse: eine große wirtschaftliche, politische und militärische Macht. Der Niedergang der Hanse setzte um 1500 ein. 1669 fand der letzte Hansetag statt.

Venedig gegen Genua

Venedig war durch seine Lage in der Lagune und den Zugang zur Adria von alters her eine Seefahrerstadt. Schon in frühester Zeit unterhielt es Handelsbeziehungen zum Byzantinischen Reich und erhielt ab 1082 von diesem besondere Rechte, die zu einem gewaltigen wirtschaftlichen Aufschwung führten. Später zogen die Venezianer geschickt Vorteil aus den Kreuzzügen: Sie übernahmen die Seetransporte der Kreuzritter und lenkten den 4. Kreuzzug nach Konstantinopel ab. Als die Stadt 1204 geplündert wurde, kehrten sie mit reicher Beute heim.

Die größte Konkurrentin war die Stadt Genua. Sie mußte ausgeschaltet werden, um Venedig die Vorherrschaft über den Mittelmeerhandel zu sichern. Nach über einem Jahrhundert verbissener Rivalität und vier Kriegen gewann Venedig die Oberhand, konnte jedoch Genuas Vorherrschaft im Schwarzen Meer nicht brechen.

Eine Republik der Kaufleute

Venedig war im 15. Jahrhundert die reichste Stadt des Abendlandes. Die „Serenissima Repùbblica" (Republik Venedig) war ein mächtiger Staat mit zahlreichen Kolonien. Der venezianische Golddukat war die sicherste Währung des Mittelalters.

Ein Staatshandel

Der Senat organisierte den Seeverkehr, ließ Galeeren bauen und ausrüsten, bestimmte die Fahrtrouten und Anlegehäfen, entschied über die Art der Waren, die Verlade- und Abfahrtstermine, ernannte die Kapitäne und erhob Steuern auf die Gewinne. Diese Galeeren konnte man mieten.

In Venedig war der Handel eine staatliche Angelegenheit, an der alle Bürger verdienen konnten. Dafür mußten sich die Einwohner verpflichten, die Stadt zu schützen und ihr zu dienen.

Regelmäßige Handelsverbindungen

Die Schiffe fuhren zweimal jährlich auf sieben regelmäßigen Linien:
- die Alexandria-Galeere nach Ägypten
- die Beirut-Galeere nach Syrien
- die Trafego-Galeere von Alexandria nach Tunis
- die Romanie-Galeere zu den Häfen am Schwarzen Meer
- die Aigues-Mortes-Galeere nach Südfrankreich
- die Barbarie-Galeere über Nordafrika und Gibraltar
- die Flandern-Galeere nach London und Brügge.

Ein Mann, der sich Kolumbus nannt'

Ein Mann, der sich Kolumbus nannt'
war in der Schiffahrt wohl bekannt.
Es drückten ihn die Sorgen schwer,
er suchte neues Land im Meer.

Als er den Morgenkaffee trank,
da rief er fröhlich: „Gott sei Dank!"
Denn schnell kam mit der ersten Tram
der span'sche König bei ihm an.

„Kolumbus", sprach er, „lieber Mann,
du hast schon manche Tat getan.
Eins fehlt noch unserer Gloria:
entdecke mir Amerika!"

Gesagt, getan, ein Mann, ein Wort,
am selben Tag noch fuhr er fort.
Und eines Morgens schrie er: „Land!!
Wie deucht mir alles so bekannt!"

Das Volk an Land stand stumm und zag.
Da sagt Kolumbus :„Guten Tag!
Ist hier vielleicht Amerika?"
Da schrien alle Wilden: „Ja!!"

Die Wilden waren sehr erschreckt
und schrien all': „Wir sind entdeckt!"
Der Häuptling rief ihm: „Lieber Mann,
alsdann bist du Kolumbus dann!"

(Überliefert)

Kleines Lexikon

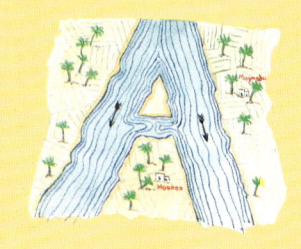

Atlantik: Der Ozean, der die Alte und die Neue Welt verbindet. Dieser Begriff wird seit der Antike benutzt. Herodot vermutete seinen Ursprung bei den Atlanten, einem Volk in Marokko.

Atlas: Sammlung von geographischen Karten. Der Name stammt von dem Riesen Atlas, der in der griechischen Mythologie den Himmel trägt.
Den Namen Atlas trägt auch das Gebirge im Norden Afrikas, das sich von Marokko bis Tunesien erstreckt. Die höchste Erhebung des Atlasgebirges ist der Toubkal mit 4165 Metern Höhe. Südlich des Atlasgebirges erstreckt sich die größte Wüste der Welt, die Sahara.

Breitengrad: Eine große Hilfe für die Kartographen war die Einteilung der Welt durch Breiten- und Längengrade zur Ortsbestimmung.

Caravelle: Leichtes Segelschiff mit 3-4 Masten. Begleitschiff bei großen Entdeckungsreisen. Ursprünglich von den Portugiesen gebaut, verbreitete sich die Caravelle im 17. Jahrhundert im ganzen Mittelmeerraum.

Columbus, Christoph: (1451–1506). Entdeckte eine für das Abendland neue Welt: u. a. Kuba, Haiti, Jamaica, die Küste im Norden Südamerikas und in Zentralamerika. Bis zu seinem Tod glaubte er, den Weg nach Indien gefunden zu haben.

Drachenschiff: Sehr schnelles, bewegliches Schiff der Wikinger, das speziell für den Krieg gebaut wurde. Es war oft länger als 20 m und hatte einen beweglichen Mast mit viereckigem Segel.

Dschingis-Khan (um 1155–1227): Er war der Begründer des mongolischen Weltreichs. Bei seinem Tod erstreckte es sich vom Chinesischen Meer bis nach Europa.

Eldorado: Ursprünglich wurde der König der Chibcha-Indianer bei der Krönungszeremonie mit Goldstaub bedeckt. Er wurde hombre dorado genannt, der vergoldete Mann, bzw. el dorado, der Vergoldete. Bei den Konquistadoren hatte Eldorado die Bedeutung: goldenes Land. Sie vermuteten dort ungeheure Reichtümer und machten sich auf, dieses Goldland zu suchen.

Expeditionen: Gab es auch schon in früherer Zeit. Herrscher schickten Expeditionen aus zur Erkundung, zu Entdeckungen, für den Handel, zur Eroberung neuer Gebiete. Später dienten Expeditionen häufig wissenschaftlichen Forschungen.

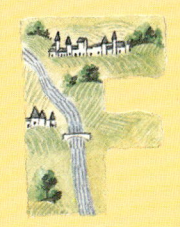

Fregatte: Ehemals Kanonenboot mit zwölf Rudern, das an der Spitze eines Geschwaders fuhr und besondere militärische Aufgaben hatte.

Freibeuter: Das ursprünglich niederländische Wort (Flibustier) bedeutet: Leute, die freie Beute machen. In Banden plünderten diese Abenteurer die Handelsschiffe, besonders im Gebiet der Westindischen Inseln, um das 16., 17. und 18. Jahrhundert. Ihre Zeit endete mit der Einführung von Dampfschiffen.

Galeone: Dieses Schiff, ähnlich einer Galeere, erschien im 15. Jahrhundert. 12 Galeonen sicherten den Handel zwischen den spanischen Kolonien und Sevilla, später auch Cadiz. Über zwei Jahrhunderte lang hatte die Galeone als Schiffstyp große Bedeutung und segelte auf allen Meeren.

Gaucho: Indianermischling der Pampa in Südamerika. Sozusagen der Cowboy des Südens. Er steht im Dienst der großen Viehzüchter.

Handelsprivileg: Recht, das Personen oder Gesellschaften eingeräumt wird, z. B. das Recht, eine Ware als einziger zu verkaufen oder ein Gebiet als einziger zu beliefern.

Import: Einfuhr von Waren aus einem anderen Land.

Khan: Türkisch-mongolischer Herrschertitel.

Konquistadoren: Bezeichnung für die Eroberer Mittel- und Südamerikas.

Lama: Buddhistischer Mönch oder Priester bei den Mongolen und Tibetern.

Meile (Seemeile): Eigenes Längenmaß bei der Seefahrt. Es entspricht 1 Minute bzw. dem 60. Teil eines Grades des größten Längenkreises, dem Äquator (1,852 km).

Monopol (griech. Alleinverkauf): Dabei lag das Recht der Handelslieferungen einzig bei einem Mutterland und seinen Kolonien. 1651 verbot England jeden Transport von Gütern aus seinen Kolonien auf nicht-englischen Schiffen.

Mutterland: Staat, zu dem Kolonien oder außerhalb gelegene Gebiete gehören, von dem sie abhängig sind.

Nautik: Schiffahrtskunde, die zur Schiffahrt gehörenden Wissensgebiete, insbesondere die Navigation.

Navigation (lat. Schiffahrt): Das Führen eines Wasser-(Luft-, Raum-)fahrzeugs, einschließlich der dazu erforderlichen Meß- und Rechenvorgänge.

Nilquellen: Viele Forschungsreisen nach Afrika galten der Suche nach den Nilquellen (Burton, Livingstone, Stanley).

Orient: „Das Morgenland". Das Gebiet, das östlich von Europa liegt. Somit die östlichen Länder des Mittelmeerraumes sowie Asien.

Okzident: „Das Abendland". Der Teil Europas, der im Mittelalter einen einheitlichen Kulturkreis bildete.

Pol, geographischer: Ort auf dem Globus, der an den äußersten Punkten der Erdachse liegt: der Nordpol bzw. die Arktis und der Südpol bzw. die Antarktis. Außerdem wird so der Bereich genannt, der zwischen Pol und Polarkreis liegt. Dort gibt es Mitternachtssonne und Polarnacht.

Pol, magnetischer: Die magnetischen Pole weichen von den geographischen Polen um einige Kilometer ab.

Reeder: Eigentümer eines Schiffes, das ihm durch Transporte ein Einkommen sichert.

Regenwald: Tropische Tieflandregenwälder. Das sind immergrüne, artenreiche, zum Teil über 50 m hohe Wälder. Das ganze Jahr über ist es feucht und heiß. Besonders in Äquatornähe sind diese Wälder reich an Lianen. Subtropische Regenwälder sind reich an Orchideen und Farnen. Heute sind diese Wälder durch den Menschen sehr gefährdet.

Rocky Mountains: Die Rocky Mountains (deutsch: Felsengebirge) erstrecken sich über rund 4500 km von Nord- Alaska (Brooks-Kette) über Nordwest-Kanada bis in den Süden der USA.

Route: Die großen Handelsstraßen für Gewürze, Seide, Tee oder Kaffee verbanden die Herstellungsländer mit den Verbrauchermärkten.

Seidenstraße: Das ist die alte Karawanenstraße von China bis nach Syrien. Sie war der bedeutendste Handelsweg zwischen dem Fernen Osten und Europa.

Sextant: Ein Istrument für die Seefahrer, mit dem man den Winkel zwischen den Gestirnen zum Horizont messen kann. Die Gradeinteilung zeigt ein Sechstel eines Kreises, das wiederum in 120 gleiche Teile unterteilt ist. Der Sextant ist seit dem 18. Jahrhundert in Gebrauch.

Sklaven: Kaufsklaven gab es schon ab dem 6. Jahrhundert v. Chr. Die Entdeckung neuer Länder ließ den Sklavenhandel sprunghaft anwachsen. Die Zahl der zwischen 1520 und 1850 nach Amerika verschleppten Schwarzen wird auf 8 bis 10 Millionen geschätzt. Dort mußten viele unter menschenunwürdigen Bedingungen hart arbeiten.

Tabak: Die Tabakpflanze stammt ursprünglich aus Amerika. Sie paßt sich fast jedem Klima an. Zunächst wurde Tabak in Spanien und Portugal eingeführt, kam aber dann bald nach Frankreich, Holland, Marokko, in die Türkei und selbst nach Japan. Die Engländer und Franzosen legten große Plantagen in Nordamerika, auf den Antillen und in Kuba an. Man glaubte, der Tabak hätte medizinische Wirkung. 1571 schickte ihn Jean Nicot an Katharina von Medici, um ihre Migräne zu heilen.

Trapper: So nannte man die Jäger und Fallensteller in Nordamerika und Kanada, die Handel mit Fellen betrieben. Sie jagten oft in unerforschten Gebieten und kauften Pelze von den Eingeborenen. Auf diese Weise lernten sie deren Sprache und Kultur kennen und konnten so als Vermittler zwischen den eingeborenen Stämmen und den Weißen auftreten, die in das Land vordrangen.

Ureinwohner: Das sind die ursprünglichen Bewohner eines Gebiets, so wie z. B. die Indianer in Amerika oder die Aborigines in Australien.

Urwald: Vom Menschen (noch) nicht beeinflußter Wald. Aufgrund von Rodung und Raubbau an Edelhölzern ist der Urwald heute nur noch in begrenzter Ausdehnung vorhanden. In neuerer Zeit versucht man, noch vorhandene Urwaldbestände durch Schaffung von Reservaten zu schützen.

Vitaminmangelkrankheiten: Erkrankungen, die häufig bei Seeleuten auftraten, weil dem Körper mit der Nahrung nicht genügend Vitamine zugeführt wurden, z.B. Skorbut.

Yak: Es ist ein Wildrind aus Zentralasien mit geschwungenen Hörnern und langem Fell. Schon Marco Polo bewunderte dieses Tier. Yaks werden als Last- und Reittiere verwendet. Sie liefern Milch, Fleisch, Wolle, Fell, Haut und Horn. Ihr Mist wird als Brennmaterial verwendet. Auch sind sie gegen rauhes Klima unempfindlich.

Yünnan: Provinz in China, durch die u. a. der Mekong und der Jangtsekiang fließen.

Zenit: Die ersten Seefahrer hatten kaum Orientierungsmöglichkeiten. Der Zenit war von großer Wichtigkeit, es bedeutete den höchsten Stand der Sonne oder eines Sternes.

Zobel: Raubmarderart aus Sibirien. Der Zobel ist immer noch ein begehrtes Objekt für Pelzjäger.

Zimt: Zimt ist ein beliebtes Gewürz. Wie viele andere Gewürze wird es häufig von den Molukken, die man auch „Gewürzinseln" nennt, nach Europa gebracht.

Sagen und Märchen

Für die Menschen der Vorzeit war die Welt geheimnisvoll und unerklärlich. Götter wurden als Schöpfer und Lenker der Welt betrachtet. Im Lauf der Menschheitsgeschichte wurden mehr als 30 000 verschiedene Götter verehrt. Die bekanntesten sind die der griechisch-römischen Sagenwelt.

Die Reisen des Odysseus

Odysseus, der Held der Odyssee von Homer (8. Jh. v. Chr.), bereiste das ganze Mittelmeer und erlebte viele Abenteuer. Nach zehnjähriger Irrfahrt kam er wieder zu Hause an.

Phantastische Reisen

Reisen in ferne und wunderbare Welten haben Schriftsteller schon immer fasziniert. Phantastische Reisen finden wir deshalb auch in zahlreichen Meisterwerken der Weltliteratur.
Der große irische Schriftsteller Jonathan Swift erzählt in Gullivers Reisen von einem Matrosen, der sich nach einem Sturm inmitten einer Welt, die ganz winzig ist, wiederfindet: der Welt der Liliputaner.

Nils Holgersson ist ein kleiner Junge, ein Freund der Wildgänse. Die Schwedin Selma Lagerlöf erdachte diese Figur im Jahr 1906 und beschrieb Nils Holgerssons Reise mit den Wildgänsen durch seine Heimat.
Die Schatzinsel, 1883 von dem Schotten Robert Louis Stevenson geschrieben, führt uns in die rauhe Welt der Seefahrt. Die Helden der Geschichte sind der gute Jim Hawkins und der Gauner John Silver.
Der kleine Hobbit Bilbo, 1936 vom dem Engländer John Ronald Tolkien erdacht, ist eine Phantasiegestalt, recht menschlich zuweilen und gleichermaßen mutig wie liebenswert und klug. Er besteht eine Reihe spannender und gefährlicher Abenteuer.

Ali Baba, Aladin, Scheherazade... Auch Sindbad ist einer der Figuren aus *Tausendundeine Nacht*. Sindbad verläßt eines Tages Bagdad, fest entschlossen, reich zu werden. Er segelt in Richtung Indien und erlangt im Lauf seiner unvorstellbaren Abenteuer ein beachtliches Vermögen. Er unternahm sieben Reisen über alle Meere und trotzte allen Gefahren.

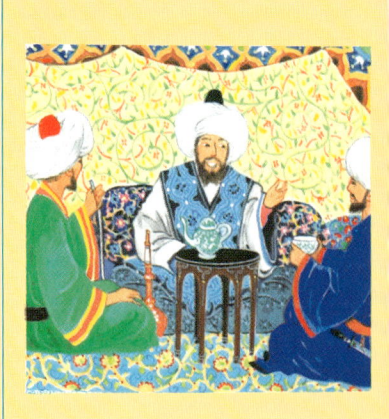

Tausendundeine Nacht ist eine Sammlung von Erzählungen des Orients, die im Lauf der Zeit zusammengetragen wurden. Sie sind wohl zwischen dem 10. und 13. Jahrhundert entstanden.

Gulliver bei den Liliputanern

Der Franzose A. Galland übersetzte als erster die phantastischen Erzählungen von Tausendundeine Nacht. Danach gelangten die Märchen von Harun-al-Raschid, Ali Baba und vielen anderen wunderbaren Gestalten in die ganze Welt.

Im 19. Jahrhundert veröffentlichte Jules Verne seine *Ungewöhnlichen Reisen.* Seine Romanfiguren finden sich auf dem Grunde des Ozeans 20 000 Meilen unter dem Meer, auf dem Mond, im Herzen der Erde, in den Lüften und auf allen Kontinenten. Die Helden von Jules Verne sind Wissenschaftler und Erfinder, die sich gegenseitig in ihrer Genialität übertreffen wollen: Ihrer Welt um Jahrzehnte voraus, erfinden sie das U-Boot, das Luftschiff, die Schallplatte, das Fernsehen und – die Atombombe.
In dem Roman *Reise um die Erde in achtzig Tagen* erzählt Jules Verne, wie der Engländer Phileas Fogg die Wette abschließt, er schaffe es, in 80 Tagen um die Welt zu reisen – eine damals völlig undenkbare Sache.

Die Erforschung der Welt

Auf die Entdeckung der Kontinente folgte die Erforschung neuer Räume: die Tiefen der Ozeane, die Gipfel der Berge, die Krater der Vulkane und der unendliche Raum des Alls.

Im letzten Jahrhundert interessierte man sich immer mehr für das Erdinnere. Damit wurde einer neuen Wissenschaft der Weg geebnet: der Höhlenforschung. Die höchsten Berge der Welt zu bezwingen, war eine weitere Herausforderung. Erst 1953 erreichten Bergsteiger das Dach der Welt, den Mount Everest (8848 m) im Himalaja. Es waren Edmund Hillary und der Sherpa Tanzing Norgay.

Durch die enormen Fortschritte, die seit Beginn dieses Jahrhunderts im Tiefseetauchen gemacht wurden, entdeckten Ozeanographen Schritt für Schritt die Geheimnisse des Meeresbodens. Es wurden Beweise für eine seit 1912 von Alfred Wegener entwickelte geographische Theorie gefunden: die Verschiebung der Kontinente. Man fand heraus, daß an bestimmten Stellen des Tiefseebodens Lava aus dem Erdinnern herausgedrückt wird und auf diese Weise neuer Ozeanboden entsteht.

Vom Alpinismus zur Vulkanforschung war es nur ein Schritt – allerdings ein großer: Man mußte in die tiefen Krater steigen. Die neue Wissenschaft erforderte sowohl körperliche als auch wissenschaftliche Fähigkeiten. Der Beruf eines Vulkanologen ist gefährlich und spannend zugleich.

Am 12. April 1961 umkreiste der sowjetische Kosmonaut Jurij Gagarin in einem 108minütigen Raumflug die Erde. Er war der erste Mensch, der den Planeten Erde als Ganzes sah.
Und Neil Armstrong betrat als erster Mensch am 21.7.1969 den Mond.

Register

A
Afrika 8, 12, 13, 18, 22, 31, 53, 54, 56, 57
Ägypten 6, 7, 8, 12, 13
Alaska 49, 60
Almagro, Diego de 24, 29
Amazonas 27, 28, 58
Amerika 17, 20, 21, 31, 39, 40, 41, 42, 45, 46, 47, 51, 56, 58, 59
Amundsen, Roald 61
Anden 24, 27, 29, 58, 59
Antarktis 49, 61
Antillen 21, 32
Araber 10, 12, 13, 54, 55
Arktis 60
Asien 6, 18, 20, 23, 39, 42, 47, 51, 53, 60
Assyrer 7, 8
Astrolabium 19
Atlantik 13, 25, 34, 40, 57
Australien 48, 49
Azteken 24, 26, 58

B
Baffin, William 60
Balboa, Nuñez de 25
Barth, Heinrich 55
Battatu, Ibn 13
Bennett, Floyd 60
Bering, Vitus 51
Beringstraße 49, 51, 60
Bonpland, Aimé 58
Brulé, Entienne 42
Buddhismus 11, 50
Buffalo Bill 45
Burke, Robert 48
Byrd, Richard 60
Byzanz 10, 11, 13

C
Caillié, René 54
Carpini, Giovanni de 15
Cartier, Jacques 42
Cassini, Giovanni 49
Ceylon 12, 14, 37
Champain, Samuel de 42, 43
Champollion, Jean-Francois 7
Charbonneau, Toussaint 44
Chile 27, 29
China 10, 11, 12, 13, 14, 15, 16, 36, 38, 39, 52, 53
Clark, William 44, 46
Cook, James 48, 49, 61
Cortés, Hernán 24, 26

D
Dalai-Lama 50
Darwin, Charles 59
Deschnjew, Semon Iwanowitsch 51
Dschingis-Khan 10, 15

E
EIC (East Indian Company) 39
Eldorado 24, 27, 28, 59
England 8, 30, 32, 35, 38, 39, 46, 48
Erik der Rote 40
Eriksson, Leif 20, 40
Europa 6, 13, 14, 18, 30, 31, 32, 37, 42, 45, 53, 56, 58

F
Feuerland 23
Franklin, John 60
Frankreich 13, 15, 38, 39, 42, 44, 46, 49, 52
Fremont, Charles 46

G
Gabet 50
Galapagos-Inseln 59
Gama, Vasco da 22, 36
Garnerey, Louis 35
Garnier, Francis 52
Genua 14, 17, 21
Gibraltar 9
Gobi 16, 53
Grönland 20, 40
Große Seen 43, 46

H
Hawaii 49
Herodot 6, 7
Himalaja 53
Holländer 30, 37, 48
Hsüan-Tsang 11
Huc 50
Hudson Bay Company 46, 47
Humboldt, Alexander von 58

I
Indianer 21, 28, 30, 32, 34, 40, 41, 42, 43, 44, 45, 46
Indien 10, 11, 12, 13, 14, 17, 21, 22, 36, 37, 38, 39, 48
Indischer Ozean 12, 22, 35
Indonesien 12, 14, 37
Inka 24, 27, 29
Irokesen 42, 43
Islam 13, 15, 55
Italien 14, 53, 59

J
Jakobstab 19
Jangtsekiang 52
Japan 17, 36
Java 37, 38
Jefferson, Thomas 44

K
Kanada 42, 43, 44, 46, 47, 49, 60
Kanarische Inseln 21
Kap der Guten Hoffnung 22
Karten 18, 19, 22, 38, 53, 58
Kolonien 31, 32, 34, 38, 42
Kolumbien 28
Kolumbus, Christoph 17, 21, 40, 59
Kongo 56, 57
Konquistadoren 24, 25, 26, 27, 30, 41
Kordilleren 29
Korsaren 32, 35, 38
Kosaken 51
Kuba 21, 32, 58

L
La Salle, René Robert Cavelier de 43
Lagrée, Doudart de 52
Leon, Ponce de 40
Lewis, Meriwether 44, 46
Livingstone, David 56, 57

M
Mackenzie, Alexander 47
Madagaskar 12
Magellan 23
Maori 48, 49
Marokko 8, 13, 19
Maury, Matthew Fountain 39
Mekong 52
Mexiko 24, 26, 30, 32, 41, 58
Mississippi 41, 42, 43, 44
Mittelmeer 6, 7, 8, 9, 12, 16, 18, 34
Moctezuma II. 26
Molukken 14, 36, 37, 38
Mongolei 15, 16, 17, 50
Monsun 14

N
Nansen, Fridtjof 60
Neuseeland 48, 49
Niederlande 37, 38
Nil 6, 7, 18, 56
Nomaden 7, 50, 54
Nordamerika 40, 43, 44, 45, 46, 47
Nordpol 60
Nordpolarmeer 47, 49, 51
North-West-Company 46
Norweger 60, 61

O
Orbis Terrarum siehe Weltkarte
Orellana, Francisco de 28
Orient 8, 12, 17, 18
Orinoco 57, 58
Ostindische Kompanie 38, 39

P
Patagonien 23, 59
Pazifik 23, 25, 29, 40, 44, 46, 47, 49, 51, 60
Peary, Robert 60
Persien 7, 13, 17
Persischer Golf 14
Peru 24, 27, 29, 30, 41, 58
Phönizier 8, 9
Piraten 32, 33, 34, 35, 36, 38
Pizarro, Francisco 24, 27, 29, 41
Pizarro, Gonzalo 27, 28
Pol 58, 60
Polo, Marco 16, 17
Portugal 21, 22, 23, 30, 37, 53, 59
Portugiesen 23, 36, 48
Ptolemäus, Claudius 9, 18

Q
Quetzalcoatl 26

R
Rocky Mountains 44, 46, 47
Rom 9, 10
Rotes Meer 10, 13, 14
Rußland 15, 53, 60

S
Sahara 12, 13, 55
Sankt-Lorenz-Strom 42
Sansibar 12, 13
Santo Domingo 21
Schottland 47
Schwarzafrika 31, 54
Schwarzes Meer 7, 14, 15
Scott, Robert 61
Seekarten 19, 22, 39
Seeräuber siehe Piraten
Seidenstraße 10, 11, 53
Sibirien 51, 60
Siedler 44, 45, 46
Sitting Bull 45
Sklaven 12, 26, 30, 31, 54, 55, 56
Skorbut 38, 42, 54
Soto, Hernando de 41
Spanien 13, 21, 23, 24, 26, 29, 30, 32, 34, 41, 46, 59
Spitzbergen 60
Stanley, Henry Morton 56, 57
Stroganow, Maxim 51
Südafrika 37
Südamerika 23, 24, 30, 32, 59
Sudan 12, 55
Südpol 61
Surcouf, Robert 35
Syrien 8, 14

T
Taiga 51
Tanganjikasee 56, 57
Tataren 50, 51
Tenochtitlan 24, 26
Tibet 50, 53
Trapper 44, 46, 47
Tuareg 54

U
Ural 51
Urville, Dumont de 61

V
Valdivia, Pedro de 29
Venedig 14, 16, 17
Venezianer 14, 17
Venezuela 21, 58
Vespucci, Amerigo 40, 59
Victoriafälle 56
VOC (Vereinigte Holländische Compagnie) 37, 38

W
Weltkarte 18, 48, 49, 53
Wikinger 20, 40

Y
Yellowstone 44

Inhaltsverzeichnis

Erste Forschungsreisende
6 Der Geschichtsschreiber Herodot
7 Ein Grieche bei den Barbaren

Kaufleute und Händler
8 Die Kaufleute der Antike
9 Der Aufbruch nach Westen
10 Die ersten Seidenstraßen
11 Hsüan-Tsang, ein Chinese in Indien
12 Die arabischen Kaufleute
13 Das Islamische Reich
14 Handel mit Gewürzen
15 Bei Dschingis-Khan, dem Herrscher der Mongolen
16 Marco Polos Reise in den Orient
17 Ein Venezianer entdeckt China

Erkundung der Welt
18 Die Welt auf Karten
19 Navigationsgeräte
20 Wikinger – Piraten und Entdecker
21 Die Entdeckung der „Neuen Welt"
22 Vasco da Gama umrundet Afrika
23 Magellan segelt um die Welt

Die Eroberung der „Neuen Welt"
24 Die Konquistadoren erobern Südamerika
25 Gewaltmarsch durch den Urwald
26 Die Unterwerfung der Azteken
27 Das Reich der Inka
28 Im Urwald gefangen
29 In den Anden
30 Die Quelle des Reichtums
31 Handel mit schwarzen Sklaven
32 Flotten voll Gold

Banditen auf hoher See
33 Die Piraten trieben auf hoher See ihr Unwesen
34 Freibeuter der Meere
35 Korsaren – „staatlich anerkannte" Seeräuber

Handel zwischen Ost und West
36 Der Kampf um die Gewürzinseln
37 Das Jahrhundert der Niederländer
38 Die Ostindischen Handelskompanien
39 Die Teeroute

Die Erforschung und Besiedelung des nordamerikanischen Kontinents
40 Wie die Indianer lebten
41 Aufbruch nach Nordamerika
42 Die Franzosen besiedeln Nordamerika
43 Die Gründung Neu-Frankreichs, des heutigen Kanada
44 Trapper durchforschen Nordamerika
45 Die Eroberung des Westens
46 Pelze aus dem hohen Norden
47 Der Pelzkrieg

Asien wird erforscht
48 Neue Entdeckungen
49 Missionen und Expeditionen
50 Bei den tibetischen Mönchen
51 Die Erforschung Sibiriens
52 Indochina wird erforscht
53 Weite Gebiete Asiens waren lange Zeit unerforscht

Unbekanntes Afrika
54 Der Schwarze Kontinent
55 Bei den Sklavenjägern
56 Im Herzen Afrikas
57 Wilde Fahrt auf dem Kongo

Die Erforschung des Doppelkontinents
58 Die Erschließung des amerikanischen Kontinents
59 Der Naturforscher Charles Darwin

Der lange Weg zu den Polen der Erde
60 Entdeckungsfahrten zum Nordpol
61 Tod im antarktischen Eis

63 Lies mal weiter!
64 Die ersten Forschungsreisenden
64 Quiz
66 Kaufleute und Händler
66 Schon gewußt?
67 Kleine Geschichte des Handels
68 Die Hanse
69 Die Handelsmacht Venedig
70 Gedicht
71 Kleines Lexikon
72 Reisen in das Unbekannte in Sagen und Märchen
75 Die Erforschung der Welt
76 Register